崔維斯‧艾伯洛 Travis Elborough ◎著　杜蘊慈◎譯

跟著37位大師上路尋找靈感——

波特萊爾沒有去成印度

The Writer's Journey

In the Footsteps of the Literary Greats

The Writer's Journey

In the Footsteps of the
Literary Greats

Travis Elborough

目錄

* 本書地圖均使用現代地名，括弧內為舊名或別名。

引言

　　法國的文學理論家羅蘭・巴特（Roland Barthes）寫過一篇文章〈度假中的作家〉（*The Writer on Holiday*），在文章中，他思考的是作家似乎永遠不可能放下工具，即使在沙灘上放鬆，或者沿著剛果河旅行的時候，都是如此。作家「在度假」，他寫道，就「展現了身為人類的標誌；但神性依然存在，作家是神，就像路易十四是國王一樣，即使坐在馬桶上也是一樣」。如果生活對我們所有人來說都是一次旅行，那麼作家的旅行就是新材料的新來源。不過，轉換場景的確能為創造性的想像力帶來奇蹟。正如本書所希望呈現的，某些了不起的文學作品，是作家對自己造訪之處的回應，是作家遠離定型的周遭環境的直接結果，也可能是作家在一個新國家擁抱新生活的產物。

　　作家與詩人經常為了創作一部作品或一本書而特意出門旅行。在本書中，你可以看到許多這類作家旅行的例子。不過你也能看到，這類遠行也經常在日後對作家的作品產生意想不到的影響。在某些例子裡，這樣的旅程完全改變了作家的職業生涯。還有一些例子，則正是旅行使他們成為作家：沉浸在一片不同的風景中，遇見其他民族，陌生的交通方式、風俗、飲食、天氣、昆蟲、咖啡館、酒吧、旅館，這一切都提供了原始材料與往事庫存，可供日後──適合使用的時候──開採付梓。到外地去，這也可以供給作家寫作所需的時間、距離、空間，再加上一些友善的當地人，以及思想相近、愛好藝術的海外同胞。

　　比起幾百年前，今天的世界已經不那麼難走了，在我們這個數位化、全球化的時代，其他國家的景象、聲音與風味也很容易領略。直到不久之前，旅行都還極艱難而昂貴，而且有很大的風險。當地人及旅館老闆也未必友善。在蒸汽與石油動力運用於交通

之前，木造航船受制於天氣，隨時都有沉沒的危險（在本書中，你將見到幾位作家僥倖逃過水厄）。疾病也對漫遊文人的生命造成威脅，即使是在古典國度的壯遊（Grand Tours），也有染上霍亂或瘧疾的風險。不幸的是，對本書中最善於遊歷的一位作家來說，事實證明了痢疾是致命的。

　　接下來的篇幅中出現的某些作家，事實上是在探索未知的世界，至少是闖入了那些地圖粗略、沒有多少人感興趣的地域。至於另一個極端，則是商業上很成功的專職作家，擁有好幾本暢銷書，本書中就有一兩位作家的遊歷頗具氣派：搭乘頭等艙、受邀與船長共餐、上最好的餐廳、只住當地最高級的旅館。可以說，某些目的地在觀光地圖上能夠脫穎而出，完全是因為本書中幾位作者的助力，靠的是他們關於這些地方的作品，以及鼓勵他人追隨自己的──或者其筆下人物的──腳步。畢竟長久以來，文學朝聖者一直在尋找心愛作家在小說中描寫的真實地點以及他們的出沒地，這些文學偶像曾經遠離家鄉，在這些地方埋首耕耘未來的傑作。

　　說到底，這是一本地圖集，獻給曾經勇往直前的作家；也獻給那些地方，無論遠近，那些地方曾經以某些方式激起作家的創造力。他們的行跡是以（我與繪圖師的）線條表示。座標以他們的旅行方向為準。不過，雖然一路上的停靠港口很容易定位，但這些只講述了故事的一部分；本書介紹的作家旅程，對他們的人生以及更寬廣的文學圖景有著巨大影響。我們分享這些旅人的故事，希望這些旅途本身與最終目的地都能讓您感到同樣的愉悅。

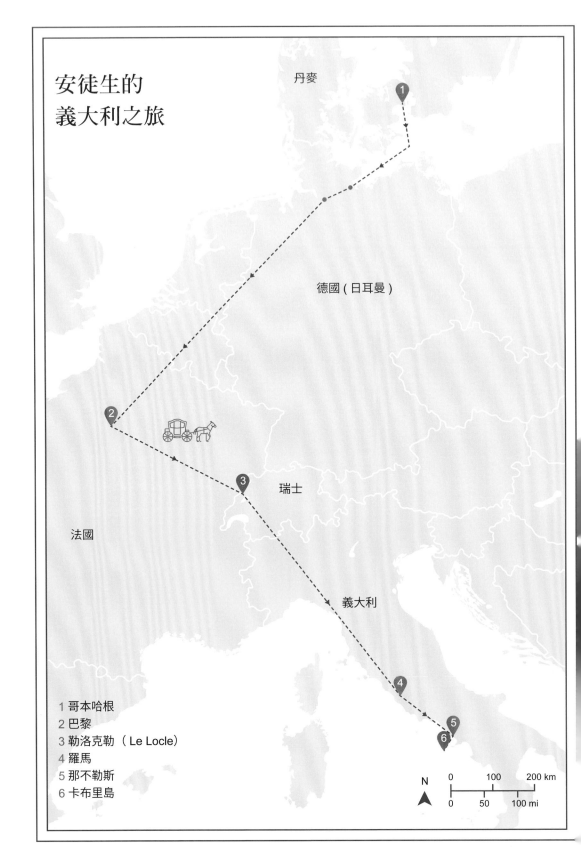

安徒生的
義大利之旅

丹麥

德國（日耳曼）

瑞士

法國

義大利

1 哥本哈根
2 巴黎
3 勒洛克勒（Le Locle）
4 羅馬
5 那不勒斯
6 卡布里島

N

| 0 | 100 | 200 km |
| 0 | 50 | 100 mi |

漢斯·克里斯汀·安徒生
在義大利成為小說家

　　安徒生（Hans Christian Andersen，一八〇五～一八七五）外表拙陋，他是私生子，是一名嗜讀的鞋匠與一名近乎文盲的洗衣婦之間短暫婚姻的產物，畢生認同的都是局外人。他的身高、女孩似的嗓音與舉止，都使他遭受嘲弄。童年時就被送去織布廠及菸草工廠辛苦勞動，做工掙錢，協助寡母養家。後來母親再婚，他的出生地奧登斯城（Odense）有所慈善學校准許他入學，使他免於繼續從事貶抑人格的體力勞動。安徒生不甘於日漸埋沒在死氣沉沉的省城，於是前往哥本哈根，並且在一八二八年成功找到了資助人，讓他在該城的大學研讀。一年之後，還是學生的他出版了一篇模仿德國浪漫主義作家霍夫曼（E.T.A. Hoffmann，一七七六～一八二二）的幻想故事，首次在文學界有了名聲，之後他開始為劇院寫作。

　　一八三三年，繼兩年前收穫甚豐的日耳曼之行後，安徒生在富有的仰慕者資助下，開始一趟漫長的海外旅行。這次旅行的大部分時間是在義大利，他在讀過約翰·沃夫岡·馮·歌德的《義大利之旅》（*Italian Journey*），以及當時法國小說家斯塔爾夫人（Madame de Staël，一七六六～一八一七）的一部流行小說《科琳娜，或者義大利》（*Corinne, or Italy*）之後，就一直渴望前往義大利。

　　一八三三年四月二十二日，安徒生離開哥本哈根，直到一八三四年八月三日才返回。巴黎是第一個目的地，他在此待了三個月，首次見到維克多·雨果（Victor Hugo）。一八三三年八月十五日，他啟程前往瑞士，在與法國一山之隔的勒洛克勒（Le Locle）待了三星期。當地的阿爾卑斯高山景色，日後影響了他最知名的童話《冰雪女王》（*The Ice Maiden*）。九月十九日，安徒生終於進入義大利，在十月十八日抵達羅馬，在當地一直待到一八三四年二月十二日。

　　可以說羅馬改變了他的事業道路。正是在這裡，洛可可式天主教堂與古老神殿的景象及聲音激發了他，他開始寫作《即興詩人》（*The Improvisatore*）。這是一部從貧窮走向藝術與情感豐足的半自傳體成長小說，是安徒生初登文壇的作品，也是他早期成名的基礎。這本書最醒目的細節之一，是安徒生將主角安東尼奧塑造成在羅馬於貧寒中長大的義大利歌手，出生地在巴貝里尼廣場（piazza Barberini）與費利切大道（via Felice）的轉角，從這個位置可以看見濟安·羅倫佐·貝尼尼（Gian Lorenzo Bernini）設計的特里同噴泉（Triton Fountain）。

　　這座城市的其他地形元素，從西班牙台階（Spanish Steps）到圓形競技場，也都被寫進書中，當作陪襯。比如，年幼的安東尼奧在特雷維噴泉（Trevi Fountain）附近初次見到帶著吉他的即興遊唱詩人（improvisatore，街頭賣藝者）。九歲的安東尼奧首次展現自己的歌唱天賦，是在卡庇托利歐山上（Campidoglio）的天壇聖母堂（Santa Maria in Ara Coeli）；安徒生與來訪的丹麥作家亨利克・赫茲（Henrik Hertz）在一八三三年十二月二十七日參觀過這個地方。

　　接下來的一年裡，安徒生與赫茲一路向南，一八三四年二月十六日抵達那不勒斯。這個港口的大街上擠滿了水手、歌手、賭徒老千、皮條客與妓女，炎熱與浪蕩的氣氛似乎瞬間激起了赫茲的性慾。在城裡待了三天之後，安徒生在日記裡寫道，有皮條客向他們兜售手上的美麗少婦，「我注意到，此地氣候正在影響我的血氣——我感到一股洶湧的激情，但是我抵擋住了。」很明顯的，面對那不勒斯的誘惑，赫茲無法如此拒絕。

　　還有一件令他倆興奮的事，則是位於那不勒斯東方的維蘇威火山，就在他們抵達此城不久後的一個晚上爆發了。安徒生記載自己聽見「空中突然……陌生的聲響，像是幾扇門同時砰地一聲關上，而且是超自然能力之手所為」。他趕到附近一座廣場上看個究竟，之後又爬上山頂，觀看燃燒的火山口。對附近的赫庫蘭尼姆與龐貝遺址留下極深的印象。這兩座古城與那不勒斯及維蘇威，將出現在《即興詩人》中，也許可以預見，安東尼奧的興趣與行程，都將與安徒生自己的興趣與行程緊密重合。

　　小說中，安東尼奧在那不勒斯的聖卡洛劇院（Teatro di San Carlo）演出，再次技驚四座；二月二十三日，安徒生在此觀看傳奇的女高音兼女低音歌唱家瑪麗亞・馬里布蘭（Maria Malibran）的迷人演繹，她擔綱演出文琴佐・貝利尼（Vincenzo Bellini）的《諾爾瑪》（Norma）同名女主角。馬里布蘭日後成為安徒生筆下安東尼奧的初戀情人安奴齊亞塔（Annunziata）的靈感來源。

　　還有一個地點，後來成為這部小說的關鍵：安徒生以安東尼奧重訪卡布里島的「藍洞」（Grotta Azzurra）為小說作結。該石窟位於一座巖穴內，只能經由海崖上一處狹小開口抵達，曾經是古羅馬皇帝提比略（Emperor Tiberius）的私人泳池。就在一八三四年三月安徒生到訪前不久，此處才重新為外地人所知。對丹麥人與斯堪地那維亞人而言，這處洞窟幾乎已成為文學朝聖行程上的聖地，數百人蜂擁而至，想親眼看看安徒生描述的童話世界：「一切如以太閃閃發光」，水「像燃燒的藍色火焰」。

　　安徒生逶邐回到羅馬，在當地度過復活節週，然後經過佛羅倫斯及威尼斯，抵達維也納及慕尼黑。在經歷了義大利之後，他承認自己「對日耳曼既無想法，也無心情」，而且一想到丹麥，就感到恐懼苦惱。不過他還是回去了，完成了《即興詩人》，並準備出版他的頭兩本童話小冊。這三本書在一八三五年的幾個月裡相繼出版。《即興詩人》將為他帶來名聲，但正如一位目光精到的評論家所指出，他的童話故事將令他永垂不朽。

1　羅馬帝國第二任皇帝，生卒年公元前四二～公元三七，在位公元一四～三七。一八二六年，德國作家奧古斯特・科皮許（August Kopisch）在當地漁人帶領下遊覽藍洞，此處才重新為外人所知。

右上圖：羅馬。
右下圖：《卡布里島的藍洞》（The Blue Grotto on the Island of Capri），水彩，雅可布・阿爾特（Jakob Alt），約一八三五年。

馬雅・安哲羅
愛上迦納

馬雅・安哲羅（Maya Angelou，一九二八～二〇一四）的藝術創作，從詩歌與鄉土故事到富有力量的自傳與回憶錄不等。她也有過歌唱與表演生涯，包括參加《波吉與貝絲》（*Porgy and Bess*）巡迴演出，並成為好萊塢第一位女性黑人導演。在一九五〇年代末及一九六〇年代的民權運動中，她也是傑出的活動家。她在馬丁・路德・金恩博士（Dr Martin Luther King Jr）的南方基督教領袖大會（Southern Christian Leadership Conference）擔任協調員，這項工作最終導致她離開美國，前往非洲。

安哲羅與其子蓋伊（Guy）及丈夫伏蘇茲・梅克（Vusumzi Make）在開羅定居近兩年，梅克是南非反種族隔離運動者，當時是泛非主義者大會（Pan Africanist Congress，簡稱 PAC）[2]駐埃及代表。一九六二年，安哲羅結束與梅克的短暫婚姻，她接受了利比亞新聞部（Ministry of Information）的職位。不過在此之前，她按計畫與兒子前往迦納，他將就讀當地的阿克拉大學（University of Accra）。抵達阿克拉幾天之後，蓋伊卻在車禍中受傷，肇事者是一名酒駕司機，而安哲羅只能留下來照顧兒子。日後安哲羅的自傳第五部《上帝的兒女都需要旅行鞋》（*All God's Children Need Traveling Shoes*）講述在迦納的日子，她寫道，留在迦納，是「名符其實地出於意外」。

西非國家迦納位於幾內亞灣，一九五七年才脫離英國獨立。首任總統是深具群眾魅力的馬克思主義者，夸梅・恩克魯馬（Kwame Nkrumah）[3]，他相信他的國家將引領整個非洲結束殖民統治。他希望這整片大陸一旦從帝國主義壓迫者手中獲得自由，將在社會主義下團結起來。恩克魯馬曾就讀美國賓夕法尼亞州的林肯大學，他歡迎所有希望移民到迦納的非裔美國人，並收容逃離非洲南部與東部白人統治的政治難民。雖然利比亞的工作還在等著安哲羅，但她依然決定留在迦納。以她的話說，她與兒子終於來到「在一生中我們的膚色第一次被視為正確而正常」的地方。

安哲羅在阿克拉大學非洲研究所得到辦公室行政職位，並開始投入阿克拉的文化活動。她認識了身兼作家、劇作家與演員的朱利安・梅菲爾德（Julian Mayfield，他是來自美國的黑人移民，為了躲避中情局和聯邦調查局的注意而離開美國），以及依伏瓦・蘇澤蘭（Efua Sutherland），她是詩人、劇作家、教師、迦納國立劇院院長。不久後安哲羅就加入該劇院，在售票處處理訂位及賣票，後來還登台演出布萊希特（Bertolt Brecht）《勇氣之母與她的子女》（*Mother Courage and her Children*）的主角。

2　全名 Pan Africanist Congress of Azania，南非的黑人民族主義政黨，成立於一九五九年。安哲羅在一九六一年前往開羅。

3　一九〇九～一九七二。一九五七～一九六〇任英屬黃金海岸總理（獨立前的迦納），一九六〇～一九六六任首屆迦納總統。一九六六年二月遭遇軍事政變，餘生定居幾內亞。

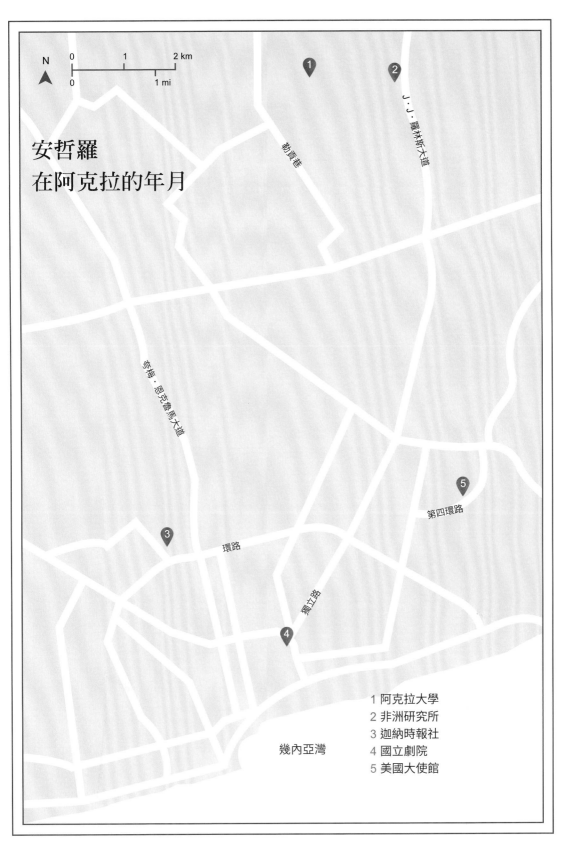

安哲羅
在阿克拉的年月

1 阿克拉大學
2 非洲研究所
3 迦納時報社
4 國立劇院
5 美國大使館

　　除了白天的工作，安哲羅也開始為《迦納時報》（*Ghanaian Times*）寫稿，她與該報編輯結為莫逆，因為雙方都喜歡當地的啤酒品牌「俱樂部」（Club），而不喜歡其競爭對手「星牌」（Star）。

　　當馬丁·路德·金恩博士宣布，將於一九六三年八月二十八日在華盛頓特區發起一次爭取就業與自由的遊行——這是民權運動的歷史大事，大約二十五萬人聚集在林肯紀念堂前，最後金恩博士發表了他的不朽演講「我有一個夢」作結，安哲羅也在阿克拉與其他人組織了支援遊行。這趟迦納的遊行從美國大使館前面走過，以表達聲援這項運動，但由於時差的關係，為了與金恩的遊行同步，迦納遊行只能在半夜開始。

　　安哲羅在迦納的時候，還有兩位美國民權運動的主要人物出現在阿克拉，即拳王穆罕默德·阿里（Muhammad Ali），以及安哲羅的友人、激烈的黑人解放運動演說家，麥爾坎·X（Malcolm X）。之前麥爾坎·X也經歷了一段旅程，他在前往麥加朝覲之後，與自己的導師、伊斯蘭國度領袖以利亞·穆罕默德（Elijah Muhammad of the Nation of Islam）4 決裂。麥爾坎受到恩克魯馬接見，但是當阿里與麥爾坎在迦納相遇，阿里則因為麥爾坎揚棄了以利亞而加以冷落。

　　安哲羅在迦納堪稱愉快，但是她目睹了外來的非裔美國人與本地居民之間的緊張關係，也觀察到恩克魯馬手下官員享受的生活與普通公民之間的差異。語言是移民與迦納人之間的主要隔絕因素，而安哲羅主動開始學習當地的方提語（Fante）。

　　在迦納待了兩年，安哲羅感覺到故鄉在呼喚自己。當時麥爾坎已經成立了非裔美國人團結組織（Organization of Afro-American Unity），她從麥爾坎·X的來信中得知美國發生的事件，感到自己的祖國正處在巨大變革的邊緣，她決定回國，在這場抗爭中擔負起自己的角色。在詹姆斯·鮑德溫的鼓勵下，她的散文與詩歌將成為她表達此一志業與黑人經歷的工具，尤其是在麥爾坎·X及金恩博士雙雙遇刺身亡之後。不過，迦納一直是她個人與創作之旅的主要舞台。正如她所堅持的：「即使非洲之心依然難以捉摸，但我對它的追索已經使我更近於了解自己、了解他人。」

左圖：迦納，阿克拉。
右圖：迦納，夸梅·恩克魯馬紀念公園中的夸梅·恩克魯馬陵墓。

4　非裔美國人的新宗教運動組織，成立於一九三〇年。麥爾坎（一九二五～一九六五）原名 Malcolm Little，其父早逝，其母多病，早年生活漂泊不定。一九四六年因搶劫罪入獄，在獄中因手足來信介紹得知伊斯蘭國度，遂與以利亞·穆罕默德通信，信仰伊斯蘭教並改名。一九五二年八月出獄後，開始參加伊斯蘭國度活動。

1 利國驛
2 太湖
3 上海
4 漢口
5 九江
6 南昌
7 黃山市（屯溪）
8 金華
9 溫州
10 廣州
11 香港

中國

奧登與伊舍伍德
的中國旅行

W·H·奧登與克里斯多福·伊舍伍德前往戰地

　　W·H·奧登（W.H. Auden，一九〇七～一九七三）與愛爾蘭詩人路易·麥克尼斯（Louis MacNeice）曾經合作一本詩歌與散文遊記《冰島來信》（*Letters from Iceland*），根據的是這兩位詩人在一九三六年的冰島之旅。此作很受好評，於是奧登應其美國出版商之邀，再寫一本關於東方的續集，這本書後來定名為《戰場行紀》（*Journey to a War*）。這一次與他合作的是克里斯多福·伊舍伍德（Christopher Isherwood，一九〇四～一九八六），是他的老友，有時也是情人。他倆剛剛一起創作了劇本《攀登F6峰》（*The Ascent of F6*），劇中使用了虛構的亞洲背景。

　　奧登與同時代的喬治·歐威爾一樣，受到當時西班牙的政治局勢打動，於是在一九三七年一月前往巴塞隆納，打算義務駕駛救護車以支持共和派。但是他以許多方式試圖援助，都受到阻撓。左翼派別的各種內訌、城中教堂遭到的肆意破壞，也都令他感到震驚。僅僅兩個月之後，他就對自己目睹的一切感到失望，返回英國。這一年夏天，奧登與伊舍伍德正在醞釀遊記計畫的時候，消息傳來，自一九三一年佔領滿洲的日本軍隊，已經從北京（當時為 Peking）向南入侵，正在進攻上海。正如伊舍伍德日後回憶，中國「已經成為世界的決定性戰場之一」，他倆決定應該前往當地，寫一寫中國的事。「而且，與西班牙不一樣」，他們略帶憤世嫉俗的猜測是對的：「那裡還沒有擠滿了明星文學觀察家。」數十年後，據伊舍伍德的回憶錄《克里斯多福和他的同類》（*Christopher and His Kind*），奧登曾說：「我們將有一場屬於我們自己的戰爭。」後來的事實證明這並不完全正確；奧登與伊舍伍德將在旅程中偶遇一些西方名人，包括英國遊記作家彼得·佛萊明（Peter Fleming，為作家伊恩·佛萊明之兄），以及著名的戰地攝影師羅伯·卡帕（Robert Capa）。

　　對奧登以及伊舍伍德來說，這是他們第一次「前往蘇伊士運河以東之地」。兩人都不通中文，而且欣然承認自己不具備任何「遠東事務的專門知識」。但是對於這兩位文人即將深入危險戰場並加以報導，新聞界甚感興趣，於是在一九三八年一月十九日，兩人啟程登上開往多佛的火車時，當然已經有一群記者與新聞攝影師在維多利亞車站等著了。

　　在巴黎度過一夜後，兩位作家往南到馬賽，兩天後搭乘阿拉米斯號（Aramis）出海。客輪停靠埃及塞得港的時候，他倆下船到開羅遊覽一天，然後客輪通過蘇伊士運河之後，在陶菲克港（Port Tewfik）重新上船。從這裡開始，阿拉米斯號平穩往南航行，經過吉布地港（Djibouti）、斯里蘭卡的可倫坡、新加坡、越南的胡志明市（當時為西貢），於二月十六日抵達香港。來到英國殖民地的兩位作家受到香港官員的紅毯式歡迎，但是他倆認為這個城市「醜陋」，是一座以相互衝突的建築風格組成的「維多利亞殖民地堡

左圖：克里斯多福‧伊舍伍德與 W‧H‧奧登在開往多佛的火車上，倫敦，一九三八年一月十九日。
右圖：中國，南昌。

疊」。此地的英國居民也不怎麼吸引人。

　　二月二十八日，奧登與伊舍伍德搭上江輪，離開香港，前往廣州（當時拼寫為 Canton）。他們選擇這種交通工具，是因為當時日本人每天都在轟炸廣九鐵路。這趟江輪開始了接下來三個半月漫長的「中國環遊」，他們一路上遇見美國傳教士、流亡白俄、數不盡的古怪外國人，還有本地中國人。他倆的路線一直在改變，因為遭遇延誤與改道，這都是日本軍隊布署以及中國政府與軍方的阻撓策略造成的，中國官員熱衷於擋駕西方記者，保持一定距離。

　　在利國驛，時任第十三軍第一一〇師師長的張軫將軍反對他們前往前線。同樣地，他們在黃山市（當時稱屯溪）前往太湖附近的軍事行動據點的時候，也遭到愛管閒事的報社記者郭先生加以阻撓，無法繼續北上觀察八路軍的活動，於是他們只能沿著長江退回漢口（後來合併為武漢市的三個城市之一）。

　　在奧登與伊舍伍德此行的大部分時間裡，有他倆口中的「夥計」老蔣從旁協助，老蔣是位和藹可親的中年導遊，由英國駐漢口領事館安排。眾多列車奇慢無比，他倆搭乘其中一列抵達漢口，這是他倆在廣州之後的第一個停靠站。在漢口，伊舍伍德與奧登躺在英國領事館的草坪上，觀看了一場日本空襲。雖然面對灰飛煙滅的可能威脅，奧登仍建議採用這個放鬆的姿勢，以避免脖子僵硬。

　　遇上了「真正的」戰地記者之後，伊舍伍德不得不承認他與奧登「只是遊客」、門外漢。不過這兩人的確經歷了一些真正的危險時刻，比如訪問漢江前線的時候暴露在險境之中，因為日本軍隊在穿越一片空地時選擇了開火還擊。

　　他們乘坐內河汽船前往九江的時候，得到了一些喘息的時間。抵達九江之後，極富個性的英國人查爾斯頓先生（Mr Charleston）馬上以汽車將他們帶到牯嶺，住進自己擁有的「旅途終點旅館」（Journey's End Hotel）館。他們又從九江冒險前往南昌，在當地搭火車到金華，然後乘長途汽車到溫州。在溫州，一艘汽船載著他們去上海，於五月二十五日抵達。

　　在上海，他們受邀住在愛抽菸斗的英國大使阿奇伯爾德‧克拉克—卡爾（Archibald Clark-Kerr）及其智利妻子提妲（Tita）家中，位於上海公共租界。當時上海周邊地區已經被日軍佔領，奧登及伊舍伍德認為上海「比其他地方更悲慘」。儘管如此，在經歷了這一切戰爭創傷之後，兩位作家選擇「暫且放下社會良知，在某家浴池消磨一個下午，

那裡有年輕男子以情色手法給你塗上香皂並按摩」。

六月十二日，他倆在上海登上加拿大太平洋公司的亞洲女皇號（Empress of Asia）。日後伊舍伍德詼諧地描述道，這艘女皇訪問了日本的三座港口（神戶、東京、橫濱），然後這兩位作家繼續旅程，經由溫哥華、波特爾（Portal，位於美國北達科他州）、芝加哥及紐約，最後返回倫敦。

他們在一九三八年七月十七日抵達倫敦，此時奧登已決定移民美國，伊舍伍德也將一同前往。[5]在目睹了亞洲的殘酷現狀之後，《戰場行紀》最終為他倆帶來的是某種意義上的隱退。

左圖：中國，黃山市歙縣（當時稱屯溪）。

5　一九三九年一月，奧登與伊舍伍德前往美國。四月，兩人分開，此後很少見面。後來兩人都歸化美籍。

珍・奧斯汀
在沃辛嗅到一絲海風
（及海藻）

　　雖然英國是航海國家，但令人驚訝的是，英國人很晚才開始前往海邊休閒娛樂。十七世紀末，江湖郎中開始鼓吹海水可以治癒痛風，玉體欠安的富人們這才造訪之前並不起眼的漁村，比如約克郡的斯卡布羅（Scarborough），肯特郡的馬蓋特（Margate）。「瘋王」喬治三世（George III）是第一位為了健康前往海邊的英國君主。一七八九年，他在多塞特郡的韋茅斯（Weymouth）進行海水浴。薩塞克斯郡的海邊小鎮布萊特海姆西（Brighthelmsea）原本凋敝破舊，在其子攝政王喬治[6]的庇護下，重生為著名的海水浴場布萊頓（Brighton）。幾乎與此同時，浪漫主義者正在使海洋在美學上變得「崇高」，而海洋是值得觀賞的奇景。

　　珍・奧斯汀（Jane Austen，一七七五～一八一七）身為作家，見證了這一切不平凡的現象。她不但將一八一五年的小說《艾瑪》（Emma）題獻給「攝政王殿下」——雖然這種做法可能有點古板——而且在生命的最後幾個月開始創作《桑迪頓》（Sanditon），這是一部針對暴發海濱的諷刺小說。這部小說在一八一七年三月十八日因奧斯汀病重無法寫作而遭棄置，始終未完成（直到一九二五年才首次出版），但依然顯示出她對於人類愚行有著最敏銳的觀察目光。更值得注意的是，作者本人重病，而這部小說的主要諷刺目標之一是疑病症；當她嘲笑那些疑神疑鬼、沉溺於荒誕的海水療法的富人，她的爪子也最鋒利。

　　一如既往，在此書中奧斯汀寫的是自己熟知的事物。她的父親在一八〇〇年突然決定退休，接下來十年的大部分時間裡，她與父母、姊姊卡珊德拉過著逍遙遊歷的生活。名義上，他們一家定居在薩默塞特郡的內陸溫泉城鎮巴斯（Bath），但也在德文郡的錫德茅斯（Sidmouth）、道利什（Dawlish）、廷茅斯（Teignmouth），多塞特郡的查爾茅斯（Charmouth）、萊姆里吉斯（Lyme Regis）等新興海濱度假地度過一些時間，很可能還去過威爾斯的滕比（Tenby）及巴爾茅斯（Barmouth）。其中一些地點與風景悄然出現在奧斯汀的小說中，尤其是《勸導》（Persuasion）中的萊姆里吉斯，《勸導》是她完成的最後一部小說，在她去世後於一八一七年底出版。不過為《桑迪頓》提供靈感的，則是一八〇五年夏末秋初在薩塞克斯郡沃辛（Worthing）的一段時光。

　　沃辛曾是個小漁村，一七九八年，喬治三世的幼女阿米莉亞公主駕臨此處，海濱歷史學家A・R・皮姆拉特（A.R. Pimlott）簡要總結當時此地只不過是「幾間破爛小茅屋」。據說阿米莉亞的神經十分敏感，她在短暫的一生中大部分時間十分病弱。當時她

6　一七六二～一八三〇。喬治三世的長子暨王太子，因喬治三世健康不佳，自一八一一年起任攝政王，後繼位為喬治四世。

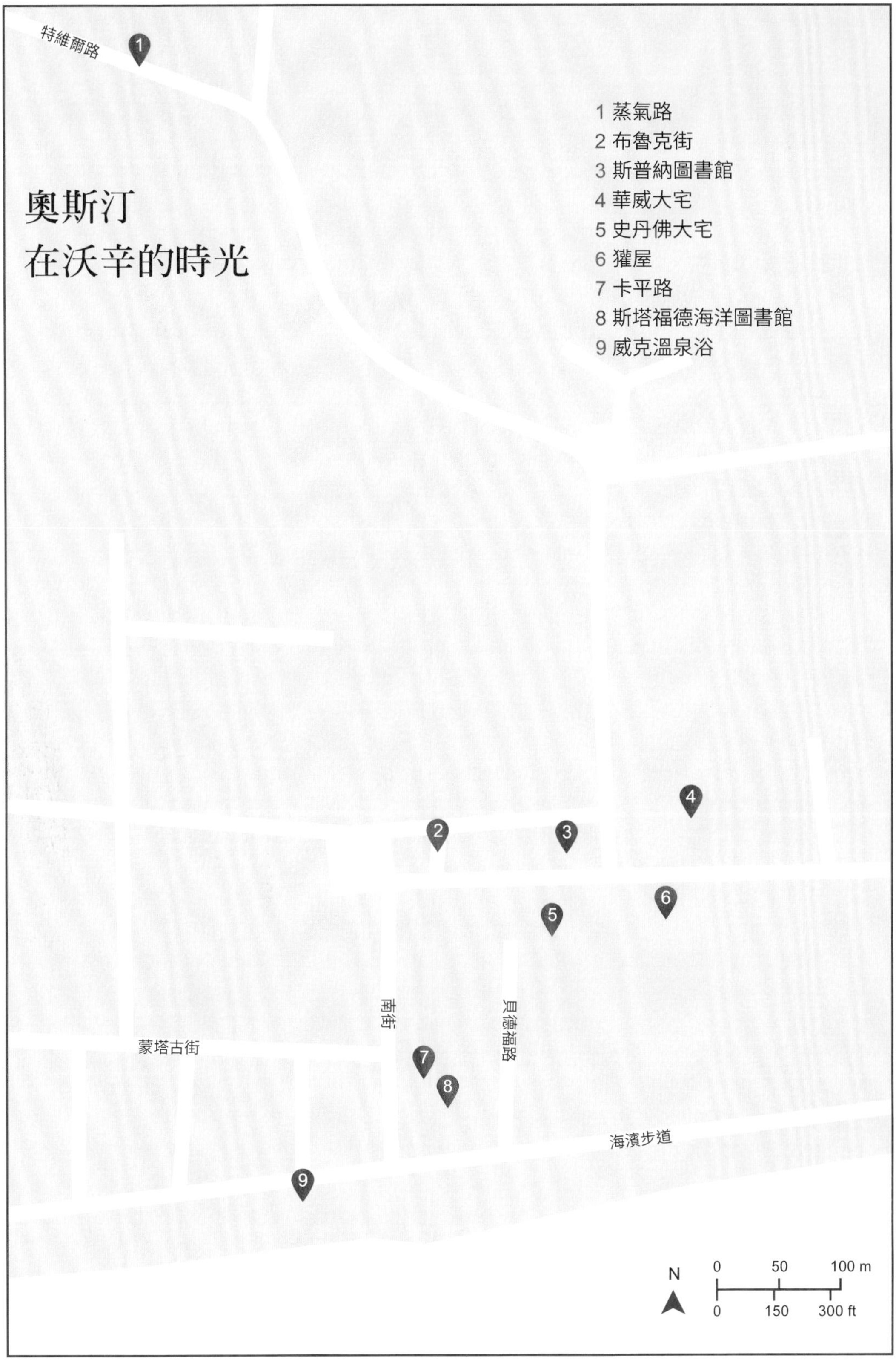

奥斯汀
在沃辛的時光

特維爾路

1 蒸氣路
2 布魯克街
3 斯普納圖書館
4 華威大宅
5 史丹佛大宅
6 獾屋
7 卡平路
8 斯塔福德海洋圖書館
9 威克溫泉浴

蒙塔古街

南街

貝德福路

海濱步道

N

0   50   100 m

0   150   300 ft

剛剛被診斷出患有「膝關節結核」，醫生建議她到沃辛療養，因為比起已經很熱鬧的布萊頓，這裡寧靜得多。

七年後，奧斯汀來到沃辛，這裡已經經歷了一場小型的投機建設熱潮。一共有五條新的露台式街道：貝德福路、卡平路、布魯克街（後改名為南路口）、海灘路、赫特福街，如今最後兩條路早已不存，但其他三條路多少還在，這些都是那幾年新增的街道。但是以度假療養勝地而言，沃辛並沒有真正發展，在日後的海濱步道一帶，只有稀疏的七棟房屋。一八〇四年，一條從西格林斯特德（West Grinstead）到沃辛的收費大路完工，於是交通更為便利。但是，正如當地歷史學者安東尼・愛德華茲（Anthony Edwards）指出的，在一八〇五年，此地還沒有幾家商店，而且「沒有市集、沒有教堂、沒有戲院、沒有旅館」。

沃辛的海濱景點包括三家客棧，以及威克溫泉浴（Wick's Warm Baths）。後者很可能是奧斯汀經常光顧的地方，她的姊姊卡珊德拉的確是經常去。當時還沒有什麼稱得上海濱步道的東西。直到一八〇七年，才建好一條新路沿著海岸通往藍興（Lancing），代替了之前被沖走的海岸小路（這一年，城裡的第一家旅館「斯帝恩」〔Steyne Hotel〕開業）。海濱大道（Esplanade）是散步長廊，也是海岸防禦設施，直到一八二〇年代初才鋪設。

根據愛德華茲的紀錄，此城在排水系統改善之前，一直因其沼澤地、霧氣、糟糕的空氣及腥臭的海藻而名聲不佳。愛德華茲指出，沃辛北端從東往西的大路（現名為特維爾路〔Teville Road〕），在十九世紀被稱為「蒸氣路」，足可顧名思義。奧斯汀在小說中尖刻評論這些惹人厭的特點。但是她狡猾地誤導，把虛構的桑迪頓鎮放在距離義本（Eastbourne）更近的位置，還把這些缺點（死水沼澤、堆成山的腐爛海藻）都給了另一個也是虛構的療養勝地、桑迪頓的競爭對手布林索爾（Brinshore），顯然是為了避免直接指認出現實中的沃辛。

在奧斯汀的時代，沃辛最宏偉的建築是華威大宅（Warwick House）。這是第二代華威伯爵喬治・格里維爾（George Greville，2nd Earl of Warwick）的故宅，建於一七八九年或者更早一點，最終在一八九六年拆除。一八〇一年，愛德華・奧格爾（Edward Ogle）買下這座宅子。他是倫敦的富商，當時各種改善計畫正要將沃辛轉變為貴族的度假療養勝地與隱退仕紳的住所，他趕在這股風潮前沿，花費巨額財富來改造自己的海濱房產與庭院花園。宅子位置與海岸線稍微有點距離，但只有一排三棟鄉間小屋，當地人稱之為「獾屋」（Badger's Buildings）。宅子與海岸之間是一片開闊的平地，可以欣賞不間斷的海景。然而這個位置也使得宅子容易受到上述環境的影響。奧格爾與他的宅邸經過添枝加葉，成為《桑迪頓》裡熱衷改造重建的帕克先生（Mr Parker），住在特拉法加大宅（Trafalgar House）。

在沃辛，奧斯汀從一八〇五年九月十八日住到十一月四日，甚至可能一直到聖誕節期間，因此她很可能就是在此地得知海軍上將納爾遜於十月二十五日在特拉法加戰役中獲勝的消息。總之，帕克先生在《桑迪頓》裡被描寫成無可救藥的潮流追隨者，在滑鐵盧戰役大出風頭的時候，承認自己後悔將自宅命名為特拉法加，打算造一座新的新月形樓面以紀念威靈頓擊敗拿破崙，以彌補此一遺憾。實際上，至少沃辛的一家旅館也發生過類似事件：一八〇五年的海濱小居（Marine Cottage），在一八一六年擴建並改名

WORTHING, FROM THE BEACH.

上圖：《從海灘眺望沃辛》（*Worthing, from the Beach*），《倫敦新聞畫報》（*The Illustrated London News*），一八四九年八月二十五日。

為「威靈頓客棧」。

奧斯汀住在史丹佛大宅（Stanford House），同行的有她的母親、卡珊德拉、她的友人瑪莎‧洛伊德（Martha Lloyd）。她的兄長愛德華與其妻伊莉莎白、其女范妮及家庭教師夏普太太，也曾來此團聚一段時間。史丹佛大宅的主人是一位鋼琴經銷商，這棟宜人的喬治式建築粉刷成白色，當時四周視野開闊，擁有海景。在一八〇五年，奧斯汀常去的地方包括聖瑪麗教堂，位於當時鄰近的內陸村莊布羅德沃特（Broadwater，小說中稱為老桑迪頓），還有鎮上兩處圖書館：斯普納圖書館（Spooner's Library），位於當地的列柱中庭（Colonnade），幾乎就在史丹佛大宅正對面，主人是奧格爾；斯塔福德海洋圖書館（Stafford's Marine Library），位於海洋廣場（Marine Place），也是該鎮的郵局。這兩處圖書館還出售新奇商品與玩具，並在晚上舉辦文雅的娛樂活動，適合有身分的女士參加，而且似乎主題都是抽獎。從范妮的日記可知，奧斯汀在九月十九日晚上的抽獎中贏了七先令，很可能是在斯普納圖書館舉行的。

據我們所知，奧斯汀沒有再回到沃辛。雖然《桑迪頓》只是未完稿，但也足以讓大多數讀者認為她不希望再回到那裡了。不過，也許最好的諷刺作品其實是出於愛，而她寫作這部小說，部分是為了悼念自己在一八〇五年曾經造訪的那處水鄉，仍然純真、寧靜。到了一八一七年，她很清楚如今這處度假勝地已經完全變樣，讓人認不出來了。

左圖：英格蘭，沃辛的
維多利亞式碼頭。

詹姆士・鮑德溫
傾心於秋天的巴黎

詹姆士・鮑德溫（James Baldwin，一九二四～一九八七）出生在紐約市哈林區，母親是單身，始終沒有向他透露生父的身分。他出生後不久，母親嫁給一名脾氣暴虐的浸信會傳教士，又生育了八個子女。詹姆士・鮑德溫堅信自己「必須成為作家，否則就會死去」。那是種族隔離的時代，而且同性戀是非法的，同性戀男女被視為安全隱患，被清出政府公職及軍隊。鮑德溫身為黑人，而且是同性戀者，於是不得不離開美國以追求抱負。事實上，這位日後《喬凡尼的房間》（*Giovanni's Room*）[7]的作者，在美國境外度過了大部分寫作生涯。一九六一年至一九七一年，他主要在土耳其，之後他在法國南部普羅旺斯的聖保羅德旺斯村（Saint-Paul de Vence）度過人生最後幾年的大部分時光。但是對他影響最深的一次遊歷，則是在一九四八年，他第一次離開美國、前往巴黎。

就像鮑德溫經常不厭其煩指出，他並不特別期待離開自己的祖國；去國是一種絕望的行動。他感到自己被種族主義、貧窮及恐同情緒所驅逐。一位親近的朋友跳進哈林河自殺，他害怕自己也會做出類似的事。壓垮他的最後一根稻草則是某次在紐澤西州特倫頓（Trenton）的一家餐廳裡，因為他的膚色，服務生拒絕提供服務。

鮑德溫曾經拿到羅森瓦爾德獎學金計畫（Rosenwald Fellowship Program）的一筆錢，與友人攝影師西奧多・佩拉托斯基（Theodore Pelatowski）一起記錄哈林區河岸的幾所教堂，但是這個計畫始終沒有完成。他以剩下的錢買了一張單程機票。一九四八年十一月十一日，他從紐約飛往巴黎，隨身只有四十美元，手提袋裡塞滿了成堆未完成的手稿、幾本書和衣服。他離開得低調而倉促（他只在離開當夜通知了母親與手足），但是他抵達法國的消息已經由朋友轉達給一群傑出的美國僑民，包括一些哈林區及格林威治村的老熟人，他們渴望在巴黎見到他。

其中有阿薩・本尼維尼斯特（Asa Benveniste），以及喬治・索洛莫斯（George Solomos，筆名是泰米斯托克里斯・霍伊提斯〔Themistocles Hoetis〕）。這兩位剛從美國來到法國，正要開辦新的文學雜誌《零》（*Zero*）。鮑德溫抵達的那一天，他倆正在聖傑曼德佩區（Saint-Germain-des-Prés）的雙叟咖啡館（Les Deux Magots）午餐，向法國哲學家尚－保羅・沙特及美籍黑人小說家理察・賴特（Richard Wright，曾指導鮑德溫）[8] 邀稿。雙叟咖啡館在鼎盛時期，從厄尼斯特・海明威到西蒙・德・波娃都經常光顧。

---

7 鮑德溫的第四部作品、第二部小說，出版於一九五六年，主角是居住在巴黎的年輕美國人大衛，內容涉及他的同性戀情與關係。

8 一九〇八～一九六〇。美國小說家、詩人、非虛構作家，哈林文藝復興運動的主要人物。出版於一九四〇年的小說《*Native Son*》影響了非裔美國人文學，鮑德溫出版於一九五五年的散文集《*Notes of a Native Son*》標題即向其致敬。

左圖：巴黎，屋頂上的風景。

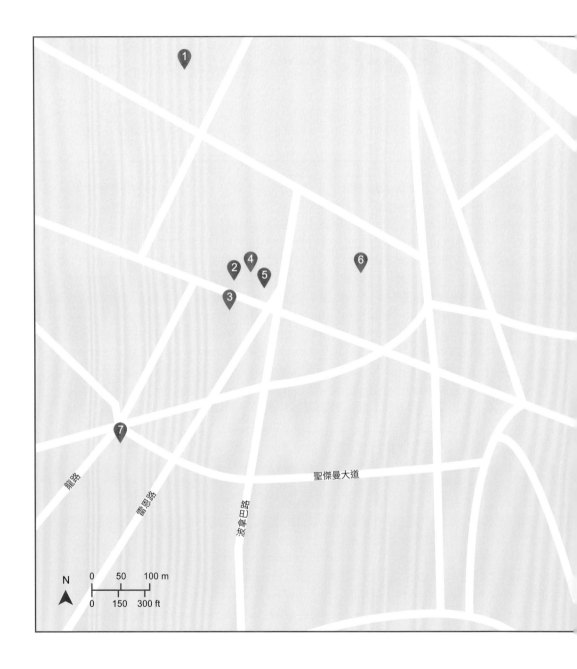

龍路

雷恩路

波拿巴路

聖傑曼大道

N

0   50   100 m

0   150   300 ft

聖米歇爾大道

**詹姆士・鮑德溫
在巴黎**

鮑德溫一路上「確信自己會被艾菲爾鐵塔兇屬的大牙砸死」，卻在榮軍院火車站發現（未曾謀面的）本尼維尼斯特領著小型歡迎代表團等著他。他立刻被護送到雙叟咖啡館，經介紹認識索洛莫斯，並與賴特重逢。賴特為這位弟子在聖米歇爾大道上（boulevard Saint-Michel）的羅馬飯店（Hôtel de Rome）找了間便宜的房間。

普莉西拉・布勞頓（Priscilla Broughton）也是來自紐約的老朋友，有她幫忙，鮑德溫很快搬到附近維爾訥伊路上同樣破舊但是更熱鬧的旅館。這家飯店名為維爾訥伊，由科西嘉某家族經營，主理人是威嚴的女家長杜蒙夫人（Madame Dumont）。她的租金合理，對於非正統的起居與生活方式很寬容，飯店的住客也不時受邀參加她舉辦的聚會。一九四九年一月的嚴冬裡，鮑德溫病倒了，杜蒙夫人照顧他直到恢復健康，從這件事就可以看出杜蒙夫人的慈悲心腸，此一善舉他終生難忘。

經由布勞頓的關係，鮑德溫又認識了同樣住在維爾訥伊的英國工會活動者瑪麗・基恩（Mary Keen），她的套房是附近眾多外籍流浪者的聚會廳兼食堂。在這個圈子裡，鮑德溫特別親近的是男孩子氣的吉德斯克・安德森（Gidske Anderson，一九二一～一九九三），她是挪威記者，為奧斯陸一家社會主義報社寫稿。他們兩人在巴黎有段時間形影不離。

鮑德溫來到法國是為了寫作。由於維爾訥伊飯店的房間沒有暖氣，他就勤奮地把筆記本、鋼筆，還有他自己都拖出門，去雙叟咖啡館，更常去花神咖啡館（Café de Flore）。花神咖啡館是雙叟的主要競爭對手，位在聖傑曼大道與聖伯努瓦路的轉角。他在花神咖啡館樓上的包廂裡，整天吞服咖啡，塗寫到晚上。

白天，鮑德溫也經常去利普小酒館（Brasserie Lipp），就在花神對面。鮑德

溫第一次在《零》雜誌發表了文章〈每個人的抗爭小說〉（*Everybody's Protest Novel*）之後，就在這家酒館，他與賴特發生口角。賴特認為這篇文章攻擊自己的民權趨向作品，並指責這位年輕作家背叛了整個非裔美國人群體。他的看法自有其道理，鮑德溫則極力否認此一指控。這次事件之後，他倆的關係非常緊張，但總算並未破裂。

通常在離開咖啡館後，鮑德溫與同伴們直接前往附近的酒吧和夜總會專心喝酒。這種聚會有時候持續到深夜，可能還會繞道去皮佳勒（Le Pigalle）的阿爾及利亞餐館吸大麻，最後在中央市場旁邊某家工人咖啡館吃早餐作結。大概來說，鮑德溫主要的停靠港包括聖傑曼路的酒吧「蒙塔那」（Le Montana）；雅克伯路的「修道院」（L'Abbaye），這是一家位於左岸的民謠與藍調夜總會，老闆是美國演員戈登·希斯（Gordon Heath）；「大廚伊妮絲」（Chez Inez）是一家爵士樂酒吧與靈魂美食餐廳，創始人是爵士歌手伊妮絲·卡瓦諾（Inez Cavanaugh，一九〇九～一九八〇），她是芝加哥人，曾經是哈林文藝復興運動（Harlem renaissance）詩人朗斯頓·休斯（Langston Hughes）[9]的祕書。一文不名的鮑德溫曾經在「大廚伊妮絲」為晚飯唱歌：高歌一曲艾拉·葛許溫（Ira Gershwin）的〈我愛的男人〉（*The Man I Love*），換一盤炸雞。

尋找男性伴侶的時候，位於聖傑曼大道南邊的「白皇后」（La Reine Blanche），以及附近比較高級的「四輪馬車」（Le Fiacre，是日後《喬凡尼的房間》裡紀堯姆的酒吧原型），都是鮑德溫初次來到巴黎期間，當地少數公開的同性戀酒吧之一。在白皇后，鮑德溫認識了被他視為一生摯愛的瑞士藝術家，路西恩·哈波斯伯格（Lucien Happersberger，一九三二～二〇一〇）。

當時鮑德溫寫的是文章與隨筆，至於他的小說，依然頑固地拒絕誕生。這部半自傳體小說寫的是一個年輕男孩，生長在一九三〇年代的哈林區，父親是神召會牧師。哈波斯伯格擔心自己的愛人在巴黎寫作這部小說沒有進展，於是提議一同前往他家的度假小屋，位於瑞士洛伊施勒班（Loèche-les-Bains，德語地名「洛伊克巴德」〔Leukerbad〕），鮑德溫在那裡寫作就可以少受干擾。正是在那裡，鮑德溫在一九五一／五二年的冬季三個月裡完成了《山巔宏音》（*Go Tell It on the Mountain*）。一家美國出版商對這本書感到興趣，還有演員馬龍·白蘭度借給鮑德溫一筆錢，於是他短暫返回美國。但是他的跨大西洋游牧式生活就從此開始了。

9　一九〇二～一九六七。哈林文藝復興運動從一九一九年至一九三〇年代初，集中在紐約市哈林區，主要人物為非裔美國人，以及來自加勒比海地區與法國的黑人。主要內容是反對種族歧視，提倡民權，建立新的黑人形象與精神。

上圖：伊妮絲·卡瓦諾在自己的夜總會裡唱歌，巴黎聖傑曼德佩區，大廚伊妮絲夜總會，一九四九年。

右圖：巴黎的花神咖啡館廊下，一九四八年六月。

松尾芭蕉
沿奧之細道深入北方

　　詩人往往是遊走的造物，幾乎是天賦異稟一般，註定喜歡四處漫遊。但是很少有人能像日本詩人松尾金作（Matsuo Kinsaku，一六四四～一六九四），為自己的作品付出了大量腿腳工夫。松尾金作以筆名芭蕉行世，是最重要的俳句大師，寫了至少一千首俳句，並且編輯了幾本詩集。他最受推崇的作品是一系列旅途速寫，描述他在日本各地孜孜不倦到訪之處，以稱為「俳文」（haibun）的混合文體寫成，結合簡潔的散文描寫與俳句，達到近乎超然的效果。這些敘事詩的精華，咸認為古典日本文學中的巨著，就是《奧之細道》（奧の細道），通常英譯為《深入北方的小路》（*The Narrow Road to the Deep North*），記錄的是他前往偏遠北方的旅程。

　　據信芭蕉出生在伊賀國的上野，當地位於京都東南方四十八公里處。其父松尾与左衛門是武士，家中務農。芭蕉十二歲的時候，父親去世，他被派往服侍領主的子姪藤堂良忠。雖然芭蕉與藤堂良忠階級有別，這兩名少年依然成為好友，開始一起研讀詩歌，創作俳句。一六六六年，良忠早逝，芭蕉離開上野，前往京都。

　　一六七二年，芭蕉在江戶已經揚名立萬，是此城最受矚目的詩人，吸引了大批追隨者與崇拜者。但是在一六八三年，其母去世的消息傳來，在地理上與創作上都讓他轉移了新方向。次年八月，他開始一段僧侶朝聖般的旅程，返回家鄉。年輕門人千里（粕谷甚四郎）體貼地充任僕從，芭蕉在其陪伴下，仿效古代中國僧人，沒有攜帶補給，跋涉了一個月，才回到母親的家。這趟遠行的成果是他的第一本紀行詩集，《曠野》（*The Records of a Weather-exposed Skeleton*）。這個集子為他的成熟風格奠定了模式，現在行路已經成為芭蕉的生活方式了。就像他在《笈之小札》（笈の小文）所寫：

> 第一場冬雨——
> 我跋涉，
> 旅人，我的名字。

　　最早的芭蕉作品英譯者湯淺信之（Nobuyuki Yuasa，一九三二～）煞費苦心指出，「在他那個時代，旅行只能在非常不穩定的條件下進行……很少有人（如果真有的話）僅僅為了娛樂或消遣而上路。」

芭蕉沿著日本本州北
部的旅程

N
0　　　50　　　100 km
0　　25　　50 mi

日本海

日本

1 東京（江戶）
2 千住
3 大垣

　　芭蕉本人在《奧之細道》的序言中也提及可能的危險：

　　「今年，元祿二（一六八九）年，我決定從事一趟長途徒步旅行，前往遙遠的北方。雖然此行艱辛，將使我頭白如雪，但我將親眼看見那些我只聽說過的地方──我甚至不能確定自己能活著回來。」

　　他於一六八九年五月十六日出發。在此之前，他決定賣掉自宅，從這一點看來，他很可能相信這是自己最後一次旅行。此時他已經四十五歲，身體有點虛弱。他選擇越過神祕的白河關（Shirakawa），往北前進，這個交會點位於文雅的江戶與原始北方荒地之間，彷彿地圖上未知的危險地域，在其弟子的眼中，這樣的旅程更是近乎自殺。

　　櫻花盛開之際，一小群追隨者陪著他從東京乘船，沿著隅田川，到不遠的千住。他與友人河合曾良從這裡出發，前往奧州街道，這是北方驛路（Great North Road）的一部分。他們沿著奧州街道走過沿海平原，歷時六個星期，往北抵達偏遠質樸的奧州。然後轉向內陸，進入一片深林，據芭蕉記載，此地「連一聲鳥叫都聽不見，樹下漆黑，彷彿走在半夜」。他們徒步進入北方山區深處[10]，與當地苦修的「山伏」共度一週，這些苦修者屬於謎一般的隱修派別，其避世的程度甚至遠超過芭蕉對於平靜與獨處的渴望。

　　在這段猶如田園詩的短暫逗留之後，是他們旅程中最艱辛的一段，沿著日本西海岸的北陸道（Hokurikudō）長途跋涉，在一六八九年十月十八日抵達大垣。芭蕉《奧之細道》的記錄就在此地結束，但是兩年後他才回到江戶。這兩年時間他依然到處漫遊，造訪在京都以及其他地方的友人與弟子，並受他們款待。

　　芭蕉終於將北方行腳寫下來之後，又開始渴望旅行了。這次他的目光放在日本南部。春天他離開江戶，秋天他到了大阪。他在大阪似乎患上了痢疾，四天後去世，時為一六九四年十月十二日。他在去世前做了幾件事，其中之一就是寫下《病臥》（*Sick in Bed*），句中感嘆自己「病臥」，卻猶在「羇旅」；他對於遊歷的嚮往不息，直到最後。

---

10 現今山形縣的出羽三山：月山、羽黑山、湯殿山。　　　　　　　右圖：日本，東北地方，松島灣。

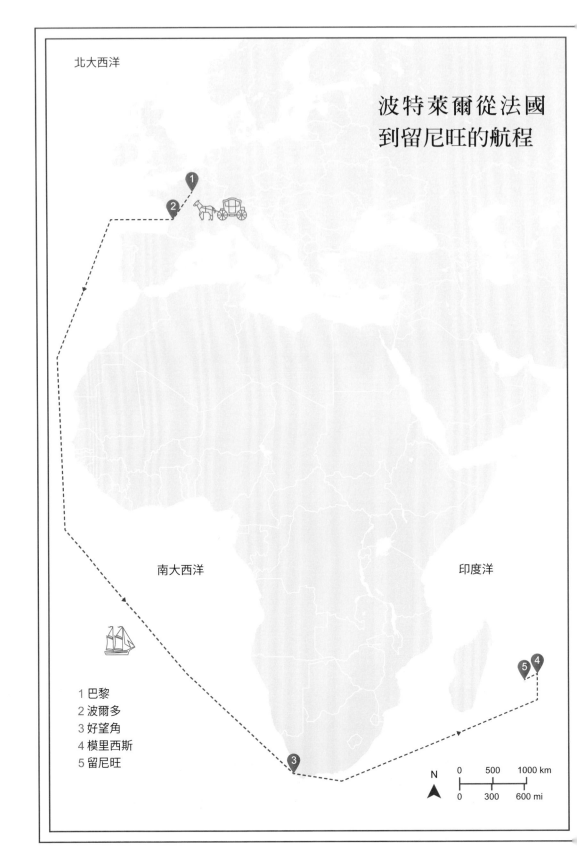

北大西洋

波特萊爾從法國
到留尼旺的航程

南大西洋

印度洋

1 巴黎
2 波爾多
3 好望角
4 模里西斯
5 留尼旺

N

| 0 | 500 | 1000 km |
| 0 | 300 | 600 mi |

夏爾・皮耶・波特萊爾
沒有去成印度

　　夏爾・皮耶・波特萊爾（Charles Pierre Baudelaire，一八二一～一八六七）在巴黎的路易大帝中學（Lycée Louis-le-Grand）勉強修習了最受推崇的法律學科。畢業兩年之後，由於生活過於放蕩，他的家長制定了一項計畫，要讓他走上筆直而嚴格的正道。當然，後來他成為十九世紀最偉大、最有影響力的法國詩人，他的散文也塑造了當代文學思想與品味。但是在一八四一年，他還是初露頭角但也算是乳臭未乾的文學青年，累積的債務有兩千多法郎，而且狂熱地愛著一名妓女；就像後來他母親說的，他「與最糟糕的浪蕩子為伍，被這種人吸引，就是為了滿足他對巴黎那些神祕的罪惡淵藪的好奇心」。

　　波特萊爾的繼父歐比克將軍（General Aupick）、母親及兄長，在巴黎郊區納伊（Neuilly）舉行了一次家庭會議，並且有公證人在場。他們一致認為，唯一的辦法就是把這個誤入歧途的青年送去印度，遠離巴黎的誘惑與不體面的夥伴，那麼也許他就能清醒過來、發現自己的錯誤。據說，當繼父把這個決定告知波特萊爾的時候，波特萊爾當場企圖勒死他。不過最近的傳記作者們對此傳說不以為然；雖然這個消息一開始並沒有令波特萊爾多麼興奮，但有些作者認為他至少是很歡迎前往東方旅行的機會，因為對他來說，東方的異國情調一向具有某種浪漫的魅力。

　　波特萊爾必須經過漫長的海上旅程才能抵達印度次大陸，這也是當初這個目的地中選的關鍵因素，其他選擇則是把他安置在德國或比利時的某個無聊地區。歐比克將軍跟波特萊爾的母親一樣，也是孤兒，四歲時被收養，養父是諾曼第海岸格拉沃利訥港（Gravelines）的地方法官兼港務局長。歐比克在戰場上以及法西戰爭中開拓了傑出的軍旅生涯，但是他從小就對海船與海洋懷有深深的熱愛，而且真正相信待在海上的時光對於自己的繼子是有好處的。

　　但是在這之前，波特萊爾必須花上五天從巴黎到波爾多港，他即將搭乘的南海號客輪（Paquebot-des-Mersdu-Sud）就在那裡等著他。南海號將於一八四一年六月九日啟航，首先沿著吉倫特河口（Gironde）駛入北大西洋，終點站是加爾各答。波特萊爾被委託給船長薩利斯（Saliz）照顧，他從歐比克那裡得到一筆津貼，用來看管其繼子，並且把他的旅費鎖起來，確保他在抵達印度之前沒法揮霍。一開始波特萊爾也許還在甲板上昂首闊步，想像自己是海上冒險家，但是這一點點興奮很快就消失了。其他乘客大多是商業人士或軍官，他們對天氣的陳詞濫調令他厭煩。

　　這艘小船上的長途航行是幽閉的，不舒服，而且很單調。但是就在他即將被這種沉悶淹沒的時候，南海號在好望角附近遇上颱風。位於南非大西洋岸開普半島的好望角是岩岬，素來令人生畏，這艘船差點沉沒。由於損壞嚴重，南海號只好在模里西斯停靠兩

週，進行維修，於是波特萊爾得以自由探索這個國際化的印度洋島嶼。他在這裡結識了一些法籍僑民，其中有律師歐塔・德巴拉雅（Autard de Bragard）、他美麗的妻子以及小女兒。德巴拉雅夫人去世後，因其身為〈給生長在殖民地的一位夫人〉（À une Dame Créole）的靈感來源而出了名，這首十四行詩收錄在波特萊爾最著名的詩集《惡之華》（The Flowers of Evil）。

到了船要離開模里西斯的時候，波特萊爾明確告訴薩利斯船長，他對印度已經沒有任何興趣，不會繼續往前走了。船長說服他至少前往距此只有一天航程的留尼旺（當時稱波旁島），在當地他本人會盡力為他安排搭上回法國的船。薩利斯信守承諾，果然為波特萊爾安排上了阿爾希德號（Alcide），這艘貨輪當時停靠在留尼旺首府聖丹尼（Saint-Denis）。不過，如果這位思鄉的詩人當時的心願是儘快返回巴黎，那麼他很快就失望了：阿爾希德號當時正在改裝，甚為耗時，波特萊爾於九月九日抵達留尼旺，卻到了十一月四日才開始返航。

回家的旅程稍微有趣一點，但還是一樣不舒服，因為阿爾希德號比南海號更小。這艘船在開普敦停靠了幾天，波特萊爾得以進城遊覽。他對當地的殖民地建築感興趣，

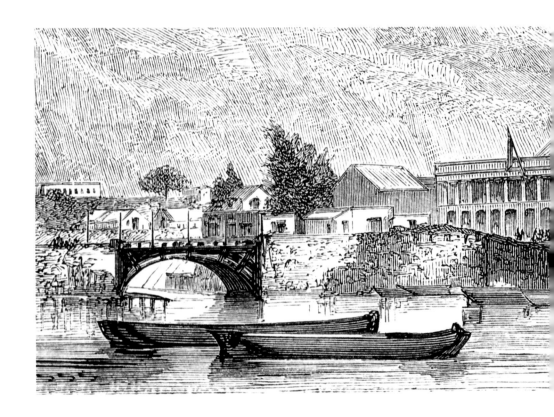

還注意到當地不少的綿羊牧場，以及空氣中毛茸茸的氣味——並頗為鄙夷。

　　船離開南非，沿著非洲西海岸北上，穿過幾內亞灣，進入北大西洋，最後抵達波爾多港，時在一八四二年二月的第二週。回國後的兩個月內，波特萊爾就要成年了，便有了財務自由，可以隨心所欲生活（只要錢夠花）。

　　不幸的是，對他的母親與繼父來說，這段海上時光絲毫沒有消滅他對於詩名與放蕩的信仰。雖然航行讓他不再有踏上甲板的欲望，但這次旅行依然為他一生的寫作提供了材料。尤其是回程，將在波特萊爾筆下成為偉大的冒險。不過他覺得沒有必要再來一次了，畢竟在巴黎，他距離豪奢歡場與有毒的文學沙龍只有一步之遙。

下圖：留尼旺聖丹尼的碼頭，伊夫賀蒙德‧德‧貝哈（Évremonde de Bérard）繪，一八六二年。
後頁圖：模里西斯，莫納布拉班特山（Le Morne Brabant）。

伊莉莎白・畢曉普
被巴西深深打動

　　一九五一年秋季，美國詩人伊莉莎白・畢曉普（Elizabeth Bishop，一九一一～一九七九）正處於人生的十字路口。她嗜酒成癮，並且飽受焦慮與抑鬱折磨，正在為了自己的酒癮及心理健康問題求助於精神分析療法。她在一九四六放棄位於佛羅里達州西嶼島（Key West）的家之後[11]，一直過著無根的日子。但是賓州布林莫爾學院（Bryn Mawr College）的第一屆露西・馬丁・唐納利獎學金（Lucy Martin Donnelly Fellowship）給了她遠離北美的機會。畢曉普策劃了一次野心勃勃的南美之旅行程，包括巴西的里約熱內盧、阿根廷的布宜諾斯艾利斯與烏拉圭首都蒙特維多（Montevideo）、智利的旁塔阿雷納斯（Punta Arenas），然後是祕魯與厄瓜多。

　　她原定於一九五一年十月二十六日搭乘挪威商船鮑普拉特號（MS Bowplate）出發，但是因為碼頭罷工延遲到了十一月十日。也許可以說，這次延遲預示著她的這趟旅行，將因為她在巴西的某些情況（有些可怕，但另外有些美妙）而停滯不前；在接下來十七年中的大部分時間裡，她將在巴西安家。

　　鮑普拉特號的目的地是巴西桑托斯（Santos），船上裝載許多吉普車及大型收割機，連畢曉普在內只有九名乘客。在同船旅客中，只有一位令她感興趣。此人是布林小姐（Miss Breen），曾任警官，並且自密西根州底特律一座女子監獄典獄長職位退休。她的外表奪目，身高將近六英尺，畢曉普給朋友們的信中寫道，她擁有「藍色的大眼睛與淺灰色的長鬈髮」。布林小姐有著幾乎說不完的暴力犯罪故事，在穿越大西洋的緩慢航程中是令人開心的夥伴。她們乘坐的這艘船是接單的貨輪，速度只有冠達郵輪公司（Cunard）旗下客輪的一半。

　　兩位女士在桑托斯下船，布林小姐的兩位老友前來迎接，並開車送畢曉普一程，到了距此大約五十英里內陸的聖保羅。她在巴西的第一批詩作中的〈抵達桑托斯〉（Arrival at Santos），紀念她與巴西的首次邂逅。這首詩發表在《紐約客》雜誌，並收錄在她獲得普利茲獎的集子《詩集：北與南──一個寒冷的春季》（Poems: North & South – A Cold Spring）。這部詩集還收錄了兩首在巴西的早期詩作，〈山〉（The Mountain）以及〈洗髮〉（The Shampoo）。後者描寫的是用白鐵臉盆給一位親愛的朋友洗頭髮的溫柔舉動，《紐約客》與《詩歌》（Poetry）都拒絕了這首詩，而畢曉普對於這兩份刊物都是重要的撰稿人。雖然詩中並沒有指明這位朋友的性別，但這首詩是一份隱晦的獻

---

11 一九三八年，畢曉普與戀人露易絲・克瑞恩（Louise Crane）買下地址為 624
　　White Street 的房屋。兩人關係結束後，克瑞恩將持有房屋份額贈與畢曉普。
　　但房屋維護修繕費用甚高，畢曉普在一九四六年不得不將其出售。　　　　右圖：巴西，奧爾岡斯山脈國家公園。

禮，送給她的新戀人，富有的巴西社會
名流暨房地產企業家洛塔·德·馬奇多·
索亞雷斯（Lota de Macedo Soares）。
畢曉普的傳記作者湯瑪斯·特拉維薩諾
（Thomas Travisano）以及其他研究者認
為，這兩本刊物很可能是對於這首詩隱
含的同性戀意味感到不自在。

　　索亞雷斯在一九四二年造訪紐約
時，畢曉普曾經見過她。從那以後，索
亞雷斯始終是畢曉普詩歌的忠實擁護
者，而且她本人也是巴西的藝術界與貴
族圈子裡的風雲人物。畢曉普行前安排
在里約會面的友人極少，索亞雷斯就是
其中之一。此外還有珀爾·卡金（Pearl
Kazin），她是美籍編輯、作家、評論家，
曾是狄倫·湯瑪斯（Dylan Thomas，
一九一四～一九五三）的戀人，最近才
和攝影師丈夫維克多·克拉夫特（Victor
Kraft）搬到巴西。畢曉普從聖保羅搭火
車，於一九五一年十一月三十日抵達里
約熱內盧。在車站迎接她的是卡金與瑪
麗·摩爾斯（Mary Morse），摩爾斯是
波士頓人，曾是卡金的雜役兼商業夥伴
以及戀人。

　　她很快被安置在索亞雷斯的豪華頂
層公寓，地址是安東尼奧維耶拉路五號
（rua Antonio Vieira），位於富人聚集的
萊馬區（Lema）。有一名女僕照顧她的
起居，從公寓的十一樓陽台還可以看到
城市與科帕卡巴納海灘（Copacabana）
的無敵美景。索亞雷斯也沒有冷落自己
的客人，親自帶著她在當時的首都遊覽
了兩天，並邀請她參觀自己的夏季別墅
（fazenda）。這座別墅位於里約西邊的
奧爾岡斯山脈（Serra dos Órgãos），由
年輕的巴西現代主義建築師塞爾吉奧·
伯納德斯（Sérgio Bernardes）設計。當
時別墅還在興建中，地點在薩曼巴亞
（Samambaia），過了古老的「皇帝之城」

1 歐魯普雷圖
2 薩曼巴亞
3 彼得羅波利斯
4 里約熱內盧
5 聖保羅
6 桑托斯

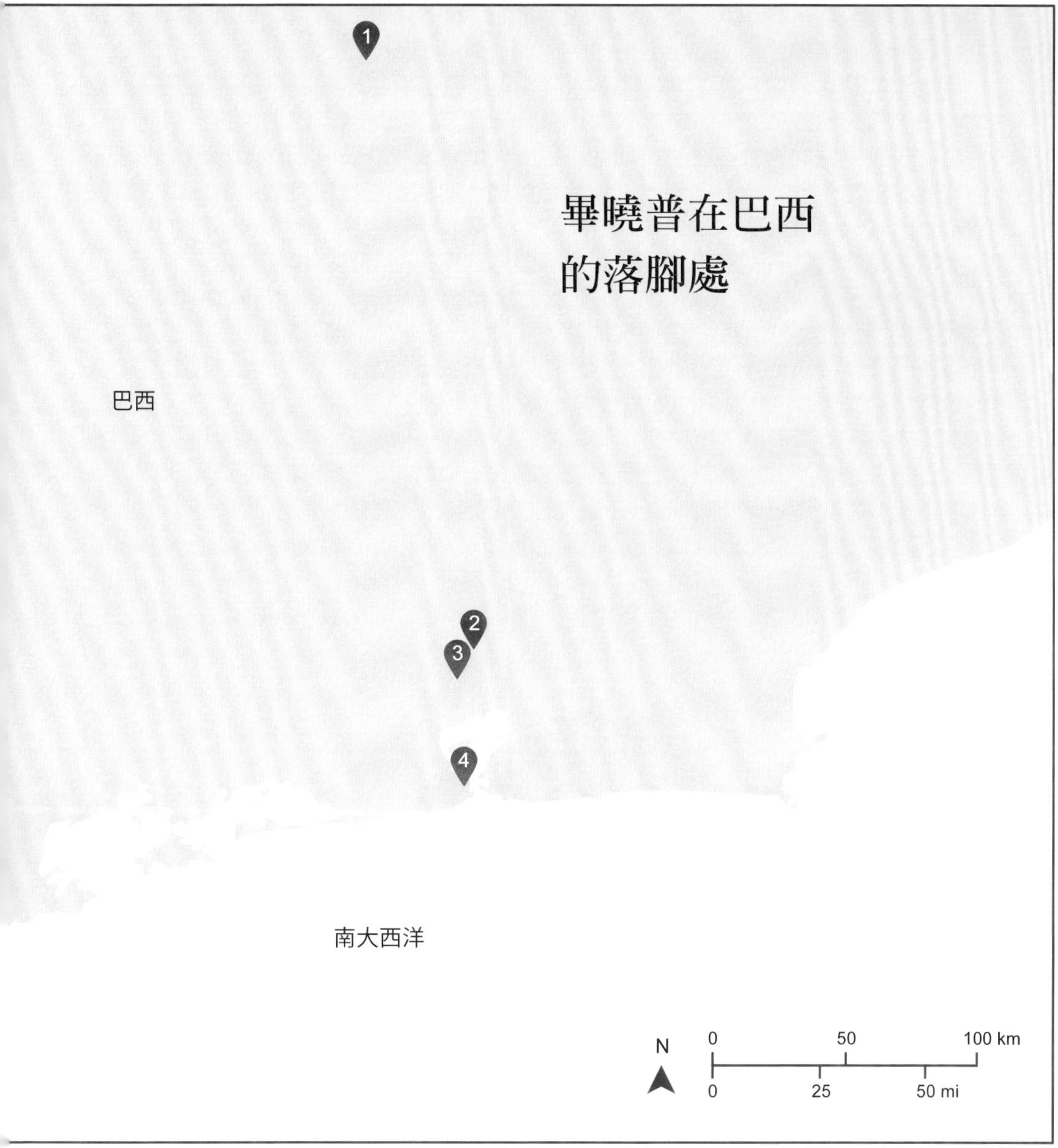

畢曉普在巴西
的落腳處

巴西

南大西洋

N

佩德羅波利斯（Petrópolis）[12]之後，索亞雷斯的 Land Rover 越野車在愈來愈陡的山路上走九十分鐘，才能抵達此處。

　　畢曉普的祖父及父親都曾從事建築業[13]，而索亞雷斯在這個風景優美的邊緣地點投注的心力顯然有點打動了她。雖然如此，畢曉普還是打算繼續自己的行程，但是不久後她因為吃了腰果樹的果實而出現可怕的反應，先是在彼得羅波利斯住院治療，然後不得不留在薩曼巴亞休養，錯過了預定的火地島行程。索亞雷斯在畢曉普生病期間一直在身旁照顧她，於是現在邀請她跟自己留在巴西。畢曉普接受了，她倆的愛情在山景中綻放，家境富裕的索亞雷斯承諾為她在薩曼巴亞的別墅主屋旁建一座工作室。

　　美國的文學夥伴們無法相信畢曉普決定移居巴西，在她不得不加以解釋的時候，也只是說：「我在這裡，因為我愛的那個人在這裡。」但是她倆的關係並不輕鬆。畢曉普在服用一種哮喘新藥後喝得酩酊大醉而住院，而索亞雷斯接受了一項日後看來十分艱辛的政府工作：將里約熱內盧一處垃圾場（成功）轉變成公園（佛拉明哥公園〔Flamengo Park〕），因此她倆不得不經常住在萊馬區的公寓裡，這些因素都逐漸在兩人之間造成隔閡。在一九六四年的軍事政變之後，巴西的政治情勢更使得她倆日益疏遠。

　　在巴西期間，畢曉普學了葡萄牙語，成為巴西散文與詩歌的出色英譯家（雖然她在公共場合不太願意說葡萄牙語）。她在閱讀了愛麗絲・布蘭特（Alice Brandt）的《我的少女生活》（*Minha Vida de Menina*，出版於一九四二，是布蘭特唯一出版的著作）之後，受到啟發，將其翻譯成英文（英譯本《*The Diary of Helena Morley*》於

一九五七年出版）。布蘭特的這本暢銷書，記錄的是自己於一八九○年代的迪亞曼蒂納城（Diamantina），在貧困環境下的成長故事。此書又給了畢曉普靈感，開始書寫自己在加拿大新斯科細亞省的年少歲月。

　　接下來，畢曉普為生活雜誌的世界圖書館系列（Life World Library）寫了一本關於巴西及其歷史的專著，並且在鄉間安了第二個家，名為瑪麗安娜之家（Casa Mariana），位於巴西東部埃斯皮亞尼蘇山脈（Serra do Espinhaço）的小城歐魯普雷圖（Ouro Preto）。一九六七年，索雷亞斯在抵達畢曉普的紐約市公寓不久後，服用過量安眠藥而去世，之後畢曉普回到瑪麗安娜之家。畢曉普在生命的最後十年裡，將繼續造訪巴西，但是從一九六八年開始，那裡就不再是她的家了。然而對於她的詩歌寫作來說，巴西的重要是無法蠡測的。她在一九六五年出版的詩集《旅行的問題》（Questions of Travel），在檢視作家的本質、作家與地方的關係上是一部里程碑之作。

---

12 得名於巴西帝國（一八二二～一八八九）第二任皇帝，佩德羅二世（一八二五
　　～一八九一，在位一八三一～一八八九）。
13 畢曉普的父親是建築商，家境殷實，在其八個月大的時候去世。其母精神狀
　　態不穩定，長年住院，在其二十三歲時去世。畢曉普成年後繼承亡父遺產，
　　故經濟一直頗為寬裕，經常到各地旅行或暫居。

左圖：巴西，薩曼巴亞，索亞雷斯的宅邸。
上圖：巴西，歐魯普雷圖。

海因里希・伯爾
爲翡翠島著迷

海因里希・伯爾（Heinrich Böll，一九一七～一九八五）出身於德國科隆的自由派天主教家庭。他毫不畏懼地審視祖國的近代史，探究第二次世界大戰留下的傷痕。他是和平主義者，而且反對納粹，但是在一九三九年被徵召加入德國國防軍。他曾經尖酸地評論道，當時自己承受著「身為士兵卻只能期待打敗仗的可怕命運」。他被送往蘇聯及法國前線，受傷四次，開小差之後被俘，關在美軍的戰俘營裡。戰後他就讀科隆大學，後來又輟學，專心寫小說。最早的一篇作品發表於一九四七年，兩年後發表首部中篇小說《火車準時到達》（*The Train Was on Time*），強勁而且短小精悍。這些故事取材自他的戰時經歷，對於軍旅生涯的描寫都堅決秉持反英雄主義。伯爾的作品被德國某些媒體指責為「Trümmerliteratur」（瓦礫文學），但是他在一九七二年獲得了諾貝爾文學獎。

一九五四年，伯爾在一次短暫的英國之行後，搭上從利物浦開往都柏林的汽輪。幾乎從登上甲板的那一刻起，他發現自己正在與「全歐洲從未外出征伐他人的民族」同行，就被迷住了。他從都柏林搭火車及長途汽車穿越愛爾蘭，抵達威斯波特（Westport），再繼續前往梅奧（Mayo），一路上觀察工作中的愛爾蘭人、休息中的愛爾蘭人、娛樂中的愛爾蘭人。他注意到他們喝的茶數量驚人（「每年流進每一個愛爾蘭人喉嚨的茶水足以填滿一座小泳池」），他注意到他們對於守時的看法十分放鬆，令人耳目一新（「愛爾蘭人說，當初上帝創造的時間可是多得很呢。」）為了說明這一點，伯爾記錄道，在愛爾蘭西北海岸的阿基爾島（Achill）小村基爾（Keel），無論電影院場次表上寫的是幾點播映，永遠都是神父到了才開始放電影。伯爾也欽佩愛爾蘭人民願意為逆境增添光彩，就像他後來所寫的那樣：

「每當你在德國發生了什麼事，你錯過火車、跌斷腿、破產，我們就說：『不可能更糟了』，不管發生了什麼，都是最糟的。愛爾蘭人正相反，如果你跌斷腿、錯過火車、破產，他們就說：『本來還可能更糟呢』，本來你可能跌斷的不是腿而是脖子，你可能錯過的不是火車而是天堂。」

接下來的幾個夏天，伯爾都回到愛爾蘭，最後於一九五八年在阿基爾島買了房子。此後每年他都會來這裡，直到一九七三年。

左圖：愛爾蘭，阿基爾島。

愛爾蘭在二戰期間保持中立，因此它的城鎮免於遭受轟炸，而比如伯爾的家鄉科隆就被炸成一片廢墟。但是愛爾蘭貧窮、工作短缺，年輕一代在一九五〇年及一九六〇年代不得不向外移民，留下一些完全荒棄的村莊。伯爾在〈愛爾蘭日記〉（*Irish Journal*）中記錄了這些情況，這篇個人印象開啟了一系列關於愛爾蘭的文章，刊登在《法蘭克福匯報》（*Frankfurter Allgemeine Zeitung*）。一九五七年，這些文章集結成書，在德國出版，掀起了前往愛爾蘭的旅遊熱潮。就像愛爾蘭作家芬坦・奧圖（Fintan O' Toole）指出的，諷刺的是，「當大規模向外移民達到臨界值」，伯爾重新塑造了愛爾蘭，「人們不是逃離這個地方，而是前來避世。」──至少對西德人是如此。

伯爾並不完全歡迎這樣的發展，也不太喜歡愛爾蘭的變化速度。修女們從報紙上消失，「藥丸」到來，都讓他感到格外擔憂。雖然他總是說，對愛爾蘭人本身而言，景況很可能比從前好了。一九七三年之後，他就不再每年去度假，只有在十年後，也就是一九八五年、他去世的兩年前，才返回阿基爾島一次。他從前的家四周是泥炭沼澤，可以看到大西洋的景色，這片洋面曾經帶走了那麼多愛爾蘭人，前往美國開始新生活。如今這座故居已經保存下來，成為作家們的度假小屋。

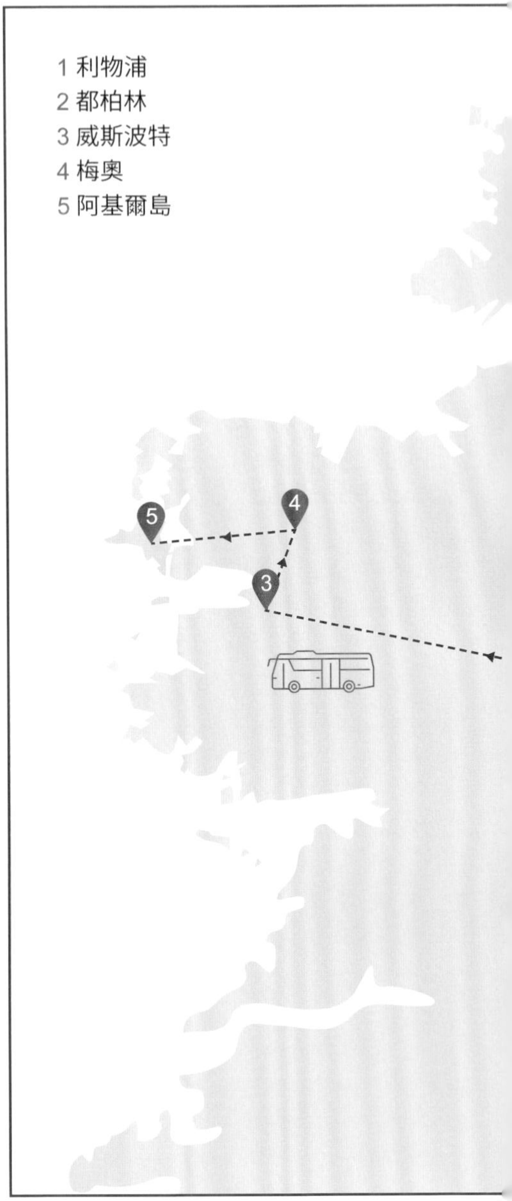

1 利物浦
2 都柏林
3 威斯波特
4 梅奧
5 阿基爾島

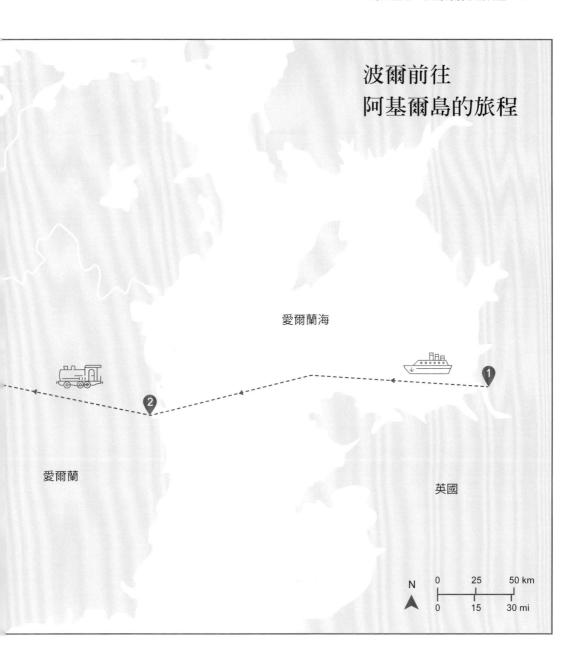

波爾前往
阿基爾島的旅程

愛爾蘭海

愛爾蘭

英國

N

| 0 | 25 | 50 km |
| 0 | 15 | 30 mi |

路易斯・卡羅
在俄羅斯找到仙境

　　數學家、學者、作家查爾斯・勒特威奇・道奇森（Charles Lutwidge Dodgson，一八三二～一八九八），更為人所知的可能是他的筆名路易斯・卡羅（Lewis Carroll）。他是虔誠的教徒，並且積極參與當時英國國教聖公會的神學辯論。他的父親是聖公會牧師，因此他註定要加入教會，一八六一年，他被任命為副主祭。但是他的體質並不適合教會工作，因此他選擇留在學術界，在牛津大學基督堂學院（Christ Church）任數學講師。據說，學生們發現卡羅與道奇森是同一個人的時候，根本不相信這位枯燥乏味的導師能寫出《愛麗絲夢遊仙境》（*Alice's Adventures in Wonderland*）這樣有趣的故事。

　　一八六七年七月四日，就在愛麗絲・李道爾小姐（Alice Liddell）[14]收到《愛麗絲夢遊仙境》第一本贈書兩年後，卡羅與友人亨利・李登博士（Henry Liddon）、牛津大學教授暨神學家，約定在暑假一起前往俄羅斯。這趟旅行的目的屬半官方性質，是為了與東正教會建立關係。

　　七月十三日，他倆從多佛出發，航向加萊，接下來經過布魯塞爾、科隆、柏林（在此他們參觀了最華麗的猶太教會堂）、格但斯克（Gdańsk，當時稱但澤〔Danzig〕）、加里寧格勒（Kaliningrad，當時稱柯尼斯堡〔Königsberg〕），最後乘火車於七月二十七日抵達聖彼得堡。卡羅發現這座俄國首都充滿了令人讚嘆與新奇的事物。這兩位英國學者花了幾天探索該城及周邊地區。卡羅尤其喜愛它寬廣的街道，充滿了生活與「當地人急促的說話聲」，「巨大的教堂，圓頂漆成藍色，貼著金色的星星」，還有「海軍部附近一座優美的彼得大帝騎馬像」。他倆還乘汽船沿著「平靜無波，沒有鹹水」的芬蘭灣航行三十二公里，抵達彼得霍夫（Peterhof）皇宮與園林。卡羅認為，腓特烈大帝在波茨坦的忘憂宮（Sanssouci）花園也相形見絀。

　　但是真正讓他們頭暈目眩的，則是莫斯科。八月二日，他們搭火車抵達此地（多付了兩盧布的臥鋪票）。卡羅描述了他們在莫斯科的第一天，把這個城市概括為令人眼花撩亂的漩渦，彷彿扭曲了正常的視角規則：

　　「我們花了五六個小時，在這座奇妙的城市裡漫步，這裡有白房屋與綠屋頂，圓錐塔樓一層比一層高，彷彿可伸縮的望遠鏡；有凸起的鍍金圓頂，從表面可以看到扭曲的城景，彷彿在鏡中。」

---

14 一八五二～一九三四，亨利・李道爾之女。《愛麗絲夢遊仙境》起源於卡羅
　　講給她聽的故事。　　　　　　　　　　　　　　右圖：莫斯科，聖瓦西里主座教堂。

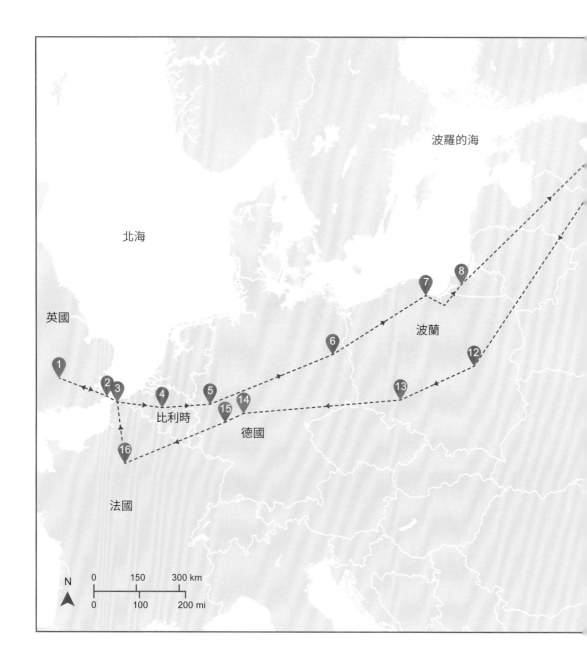

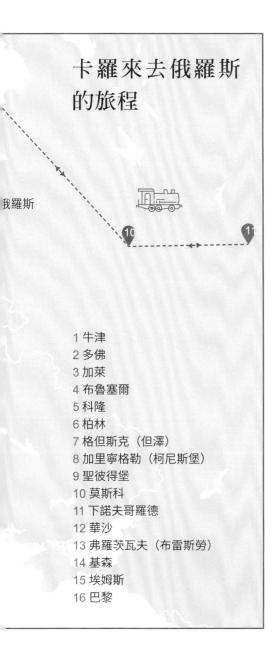

卡羅來去俄羅斯
的旅程

我羅斯

10

11

教堂從外面看起來，像是一簇簇五顏六色的仙人掌（有些長著綠色刺芽，有些長著藍色的，有些長著紅色白色的），而裡面滿是聖像與油燈，泥金畫像一直掛到屋頂。最後，還有像犁過的田地一樣凹凸不平的人行道，以及堅持今天要多收三成車費的三駕馬車車夫，『因為今天是皇后的生日。』」

在日記裡，卡羅把莫斯科描繪成猶如遊樂場哈哈鏡的一座城，它的景象是一幅又一幅倒影，疊加扭曲，沒有盡頭。學者的論證頗令人信服，他們認為，卡羅就是從莫斯科得到靈感，寫了《愛麗絲夢遊仙境》的續篇《愛麗絲鏡中奇遇》（*Through the Looking-Glass, and What Alice Found There*），出版於一八七一年。

八月五日，卡羅與李登在彼得修道院（Petrovsky Monastery）參加了早上六點的特別儀式，當天是該修道院的祝聖紀念日。之後他們參觀了聖瓦西里主座教堂（St Basil's Cathedral），卡羅覺得這座教堂「裡面和外面一樣離奇有趣（幾乎是怪誕）」。還參觀了皇家寶庫，看見許多寶座、頭冠、寶石，卡羅「開始覺得這三種東西比黑莓更稀鬆平常」。晚餐之後，他們在聖瓦西里主座教堂見證一場婚禮，卡羅認為這是「最有趣的一場儀式」；對他來說，最精彩的是一位執事以他從未聽過的美妙低音做頌禱。

第二天，他們經歷了一趟似乎頗為痛苦的火車旅程，搭乘「普通二等車廂」，因為臥鋪車「在這條線上還是未知的奢侈品」。他倆搭這趟火車是為了冒險前往下諾夫哥羅德（Nizhny Novgorod），參觀馬卡爾耶夫市集（Makaryev Fair）[15]。卡羅說這是美妙的地方。但他認為，當地的韃靼清真寺以及黃昏的叫拜聲，使得「市集上的所有

新奇玩意」也都「黯然失色」。他說，
叫拜聲「在空中飄蕩，有種難以形容的
悲傷與幽靈般的效果」。

　　但也許一個多星期之後的一場會面
才是這次旅行的靈性巔峰。八月十二日，
莫斯科的副主教列昂尼德（Leonide）護
送他們到謝爾蓋聖三一修道院（Troitsky
Monastery），在莫斯科都主教的宮殿裡
晉見都主教本人，瓦西里・德洛斯朵夫・
菲拉列特（Vasiliy Drosdov Philaret），
他是十九世紀俄羅斯正教會裡最有權勢
與影響力的人物。

　　一週之後，八月十九日，卡羅
與李登從莫斯科到聖彼得堡，開始他
們的歸途。他倆取道華沙（卡羅認為
這是他所見過最髒臭的城市）、弗羅
茨瓦夫（Wrocław，當時稱布雷斯勞
〔Breslau〕）、基森（Giessen）、埃姆
斯（Ems）、巴黎、加萊，回到牛津。

　　卡羅再也沒有離開英國，他的俄羅
斯日記直到一九三五年才出版，此時他
已經去世近四十年。直到這個時候，深
愛著愛麗絲與她的冒險故事的人們，才
終於能夠讀到他與真實城市的相遇，這
些城市與他想像精妙的仙境一樣，令人
不得其解。

右圖：聖彼得堡，聖以撒主座教堂（St Isaac's
Cathedral）屋頂上的使徒馬太。

15 現名為下諾夫哥羅德市集。原本位於伏爾加河左岸的
　 馬卡爾耶夫修道院，從十六世紀中至一八一六年，每
　 年七月舉行。一八一六年一場大火之後，移往下諾夫
　 哥羅德舉行。每年有上萬個攤位，買賣雙方甚至來自
　 印度、波斯、中亞。

阿嘉莎・克莉絲蒂
搭上東方快車

　　在阿嘉莎・克莉絲蒂（Agatha Christie，一八九〇～一九七六）的作品裡經常能看見火車。火車的名稱、時刻表、指南手冊，都被這位多產的推理小說家悄悄用於標題與情節中，諸如《藍色列車之謎》（*The Mystery of the Blue Train*）、《ABC 謀殺案》（*The A.B.C. Murders*）、《殺人一瞬間》（*4.50 from Paddington*）[16]。因為美國讀者可能不熟悉最後這個標題裡的倫敦終點站，所以美國版改名為《麥克基利克迪太太看見了什麼！》（*What Mrs McGillicuddy Saw!*）。當初也正是出版商艾倫・萊恩（Allen Lane）在克莉絲蒂的德文郡家中度週末之後，返程中在埃克塞特車站（Exeter Station）發現書報攤沒有什麼可買的東西，於是想到推出一系列優質平裝書。企鵝出版社這個新系列第一批十本書裡，就包括了克莉絲蒂的首部小說《史岱爾莊謀殺案》（*The Mysterious Affair at Styles*）。

　　這部小說出版於一九二一年，它宣告了偵探小說中最受歡迎且經久不衰的人物就此到來，那就是比利時警探赫丘勒・白羅（Hercule Poirot）。白羅舉止文雅，身材矮小，八字鬍上打著定型蠟，「小小灰色腦細胞」（liddle grey cells，白羅的口頭禪）的推理能力驚人，口音明顯而奇特。這是一個絕頂聰明的歐陸人，可能只有那個時代的英國作家才創造得出來。不過他的部分原型是第一次世界大戰期間在克莉絲蒂的老家托奇（Torquay）避難的比利時人，克莉絲蒂在當地一家藥房工作時結識了他們。這個工作讓她有了毒藥方面的知識，後來她在小說中加以利用，編造出一些魔鬼手段，讓滿腹委屈的妻子得以擺脫出軌的丈夫，或者心懷不滿的僕役報復吝嗇老闆。

　　同樣地，克莉絲蒂熟悉國際臥車公司（La Compagnie Internationale des Wagons-Lits）[17]經營的路線、目的地、旅客類型、腳伕、車掌、儲備齊全的餐車與豪華的臥鋪車廂，因此她的《東方快車謀殺案》（*Murder on the Orient Express*）更顯得真實（美國出版商將其改名為《加萊臥車謀殺案》〔*Murder in the Calais Coach*〕）。在一九三〇年代，東方快車代表著異國情調與洲際風華，而克莉絲蒂之於東方快車，也絕不是個懶洋洋的觀光客或者消極的乘客。她的第一次東方快車之旅，正值她與第一任丈夫，阿奇博爾德・「阿奇」・克莉絲蒂（Archibald 'Archie' Christie）婚姻破裂、情緒動盪之時。因此這趟列車象徵著她從出軌的丈夫手中解放出來，也象徵著她隨後與小她十四歲的第二任丈夫、考古學家麥克思・馬洛溫（Max Mallowan）產生感情，新的夥伴關係蓬勃

左圖：威尼斯辛普朗—東方快車的宣傳海報。

16「A.B.C.」為英國鐵路指南手冊。《*4.50 from Paddington*》，「四點五十分自派丁頓站開出」。
17 縮寫為 CIWL，創立於一八七四年，至一九三〇年代為止，為著名的豪華臥鋪列車營運商。一九七一年出售資產並解散。

發展。在鼎盛時期，東方快車每天停靠維也納，而且每週兩班開往布達佩斯，每週三班開往伊斯坦堡（當時稱君士坦丁堡）。幾十年下來，該公司增加了多種額外服務，調整了路線，包括前往雅典的服務。從一九一九年起，東南方向的姊妹列車途經洛桑、米蘭、威尼斯、貝爾格勒與索菲亞，稱為辛普朗－東方快車（Simplon-Orient Express，得名於瑞士的辛普朗山口〔Simplon Pass〕）。一九二八年，克莉絲蒂第一次搭乘這輛東南方向的列車，搭的是二等車廂；六年後，小說中白羅的旅程即脫胎於此。

　　克莉絲蒂同意與阿奇離婚，於是促成了這趟旅行。在她去世後於一九七七年出版的自傳中，她解釋說，當時婚姻結束，而且她感到必須逃離英國冬天的陰霾，所以預訂了一趟西印度群島假期。但是就在出發前兩天，她與倫敦的一些朋友晚餐，經介紹認識了豪維海軍中校夫婦（Commander Howe），他倆剛剛從位於波斯灣的駐地回國。豪維夫婦談到令他倆著迷的巴格達，極力建議她也去看看。克莉絲蒂以為「必須走海路」，結果很高興得知可以「搭火車去──東方快車」。正如她自己寫的：「我這輩子一直想搭乘東方快車。從前我去法國、西班牙、義大利，經常看見東方快車停靠在加萊，我渴望跨上階梯，走進車廂。辛普朗─東方快車：米蘭、貝爾格勒、斯坦堡（Stamboul）[18]……」第二天早上，她取消前往西印度群島的船票，換成辛普朗─東方快車前往伊斯坦堡的車票，並且延伸到大馬士革，再到巴格達。

　　她計畫的這趟行程本身很重要，而且她是獨自踏上旅程，這一點也很重要。雖然她已經是經驗豐富的旅人，曾經在一九二二年環遊世界，但這是她第一次有機會沉迷在自己熱愛的事物中，只有

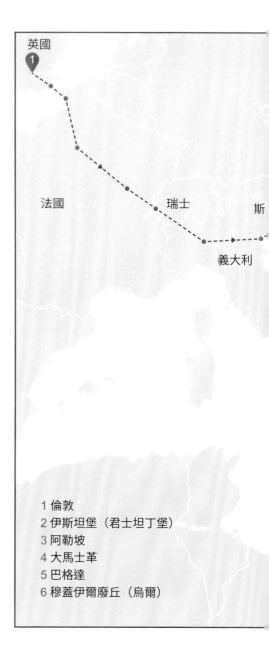

1 倫敦
2 伊斯坦堡（君士坦丁堡）
3 阿勒坡
4 大馬士革
5 巴格達
6 穆蓋伊爾廢丘（烏爾）

克莉絲蒂
的首次東方快車旅程

西亞

塞爾維亞

保加利亞

辛普朗─東方快車

土耳其

敘利亞

金牛座快車

黎巴嫩

伊拉克

自己，完全不必考慮他人。

　　這趟旅行，正如她後來回憶的那樣：「是我所希望的一切。」據她的回憶錄，離開的里雅斯特（Trieste）之後，在穿越南斯拉夫及巴爾幹的一路上，「眺望完全不同的世界，目眩神迷：穿越山間峽谷，看著牛車與絢麗的馬車，研究月台上不同的人群，偶爾在尼什（Nish，今塞爾維亞東部）或貝爾格勒等地下車，看火車更換發動機，新的龐然大物上面有著完全不同的文字與圖案。」獨自旅行適合她，而且她相信「只有獨自旅行之後，你才明白外面的世界會多麼保護你，並且與你為友」。

　　在伊拉克的烏爾（Ur），克莉絲蒂參觀古巴比倫遺址，並認識了考古學家李歐納德・伍利（Leonard Woolley）與其妻凱瑟琳（Katherine），結下長久的友誼。當時凱瑟琳剛讀完她的《羅傑・艾克洛命案》（*The Murder of Roger Ackroyd*）。第二年，克莉絲蒂應伍利夫婦邀請重訪烏爾，結識了伍利的助手麥克思・馬洛溫。她在烏爾期間收到一封電報，謂其女羅薩琳（Rosalind）患了嚴重的肺炎，因此她縮短行程，提前返回。幸運的是羅薩琳恢復了，不過馬洛溫還是護送克莉絲蒂回到倫敦，其中一段返程就是搭乘辛普朗—東方快車。同一年不久之後，這趟列車又帶著他倆由西向東，去威尼斯及杜布羅夫尼克（Dubrovnik，位於今克羅埃西亞）度蜜月。

　　從這個時候開始，克莉絲蒂定期陪同馬洛溫在中東甚至埃及進行各種考古挖掘。這些地方其中大部分可以經由東方快車抵達，於是也都出現在她的小說中，比如《美索不達米亞驚魂》（*Murder in Mesopotamia*）、《尼羅河謀殺案》（*Death on the Nile*）。為了躲避當地的

上圖：伊拉克，烏爾的大神塔（Great Ziggurat）遺跡。

高溫，馬洛溫的挖掘工作幾乎都是在冬季進行。值得注意的是，《東方快車謀殺案》的故事就是發生在冬季，火車受困於積雪，這是情節的重要背景。

　　小說一開始，白羅在清晨五點搭上從阿勒坡開往「斯坦堡」（Stamboul）的金牛座快車（Taurus Express），很不是時候，而且車上幾乎沒有乘客；接著是對巴爾幹地區的寒冷天氣以及降雪的大量描寫。白羅表示，在敘利亞的驚險旅程之後，他非常希望在斯坦堡當幾天觀光客。但是他的遭遇與克莉絲蒂一樣，一封緊急電報請求他趕回倫敦。於是他只能在下一班開往加萊的辛普朗—東方快車上找到一個臥鋪，以這個季節來說，這班列車異乎尋常地客滿了。

　　為顧及有人尚未讀過這本小說、看過改編電影，在此就不談接下來的故事內容了，以免洩露情節。但是，對於那個時代裡國際臥車公司的藍金色列車內部裝飾，如果有人需要一份精確的描述，那麼克莉絲蒂可說是不可或缺的來源。同樣地，小說中提及的一連串發車與轉車時刻、一天三餐的餐車開放時間，對於當時的旅客來說，幾乎和貝德克爾出版社（Baedeker）或者布瑞德蕭出版社（Bradshaw）的《歐陸鐵路指南》（*Continental Railway Guide*）一樣可靠。白羅的同車旅客，也幾乎是漫畫式刻板印象的國際組合（流亡的白俄、義大利人、英國人、瑞典人、美國人），顯然就是克莉絲蒂本人在列車上遇到的、頗有代表性的樣本。不過，據我們所知，她現實生活中的同車旅客無人死於亂刀之下。

　　辛普朗—東方快車本身也可以說是遭受了緩慢的剮刑而死，因為在第二次世界大戰之後，它的乘客流失，而且自從冷戰開始，路線的東半部位於鐵幕之後。一九六二年，這趟列車被另一列取代，速度較慢，風格比較樸素，名稱是模稜兩可的「直達東方列車」（Direct Orient Express）。這趟轉世再生的列車勇敢前行了十五年，直到一九七七年五月二十日遭到裁撤，但是在前一年一月去世的克莉絲蒂也早已拋棄它了。她在自傳中憶及一九四八年的伊拉克之行——也是在這一年，企鵝出版社首次以平裝版發行《東方快車謀殺案》——「可嘆這次不再是東方快車了！它已經不是最便宜的旅行方式了……這次我們搭飛機——從此開始了令人生厭的一成不變：航空旅行。」

左圖：伊斯坦堡。

威爾基·柯林斯與查爾斯·狄更斯在坎布里亞完全沒閒著

在坎布里亞郡（Cumbria）的索爾韋灣海岸（Solway Firth），小小的阿隆比村（Allonby）有一家「帆船旅館」（The Ship Hotel），裝飾著一塊銘牌，上面有精準得出奇的日期。它記錄的是威爾基·柯林斯（Wilkie Collins，一八二四～一八八九）與查爾斯·狄更斯（Charles Dickens，一八一二～一八七〇），於一八五七年九月九日星期三，在這家旅館住宿。根據旅館櫃檯的登記本，其實他倆在這裡住了兩天，午餐喝了葡萄酒和啤酒，晚餐喝茶和白蘭地，住宿期間還喝了檸檬水和黑啤酒。兩天前，九月七日，這兩位作家從倫敦尤斯頓車站搭火車抵達卡萊爾（Carlisle），開始在這個地區徒步旅行，北上來到阿隆比村。

柯林斯的父親（William Collins）是著名風景畫家，大約六年前，畫家奧古斯都·埃格（Augustus Egg）介紹柯林斯與狄更斯相識。他比狄更斯年輕十二歲，當時處於小說家生涯的早期，十分仰慕狄更斯。狄更斯慧眼識珠，對他頗為照顧，加以指導，又在自己創辦的刊物《家常話》（*Household Words*）及《一年四季》（*All the Year Round*）刊登他的作品。

以傳記作家克萊爾·托馬林（Claire Tomalin）的話說，柯林斯後來成為「狄更斯多次暫時避世遠行的首選旅伴」。這次旅行的動機，除了宣稱的給《家常話》文章尋找豐富材料——後來這批文章題為《兩個閒散學徒的懶散之旅》（*The Lazy Tour of Two Idle Apprentices*），還有一個可能，就是為婚姻不幸的狄更斯打掩護，讓他去見十八歲的女演員艾倫·特南（Ellen Ternan）[19]，不久前的夏天，狄更斯與她初識，當時她在唐卡斯特（Doncaster）的王家劇院演出《女人的寵兒》（*The Pet of the Petticoats*）。

狄更斯在八月二十九日的一封信裡，首次向柯林斯提議這趟旅行，字裡行間傳達出他當時矛盾的情感狀態：「我要逃離我自己。」就算一開始狄更斯聲稱並不關心要去哪裡，但最後的目的地很清楚，因為他在離開倫敦之前，預訂了唐卡斯特的旅館房間。《懶散之旅》的最後一篇文章，詳細描寫了他倆對唐卡斯特賽馬週的印象，那是這個南約克郡城市最熱鬧的時節。他倆強調：「空中一直迴盪著隱約的吼聲，『馬』、『比賽』，直到午夜」，才終於消失在「偶爾傳來醉醺醺的歌聲與凌亂吆喝中」。

他們這趟旅行，可說頭尾都有動物出場。一開始，柯林斯與狄更斯在卡萊爾過了一夜醒來，發現這個城市「十分繁忙，令人不快、沒好氣」，因為這一天正是趕集的日

---

19 狄更斯於一八五七年與其同居至去世。狄更斯一八五八年與元配凱薩琳·霍加斯分居，但終生未離婚。

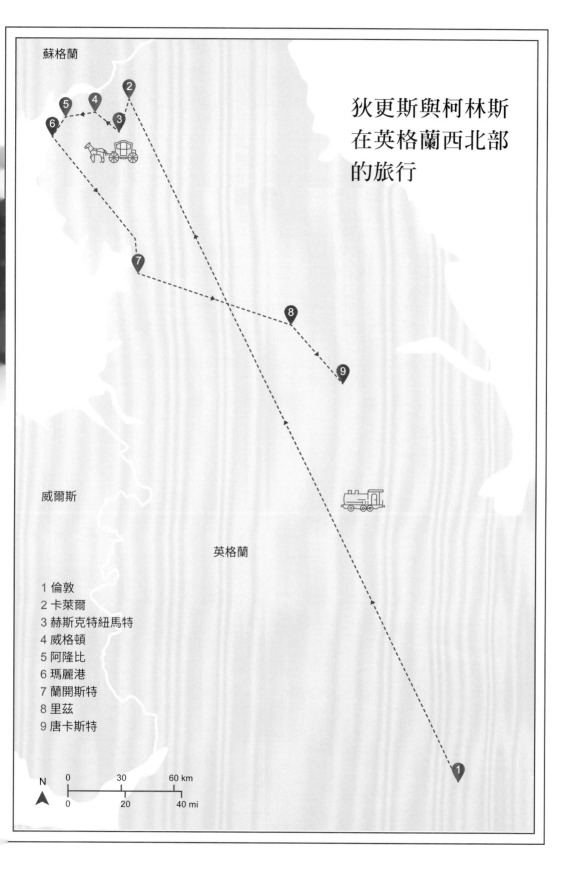

狄更斯與柯林斯
在英格蘭西北部
的旅行

蘇格蘭

威爾斯

英格蘭

1 倫敦
2 卡萊爾
3 赫斯克特紐馬特
4 威格頓
5 阿隆比
6 瑪麗港
7 蘭開斯特
8 里茲
9 唐卡斯特

N

0   30   60 km

0   20   40 mi

子，「它的牛市、羊市和豬市」連同小麥市場和街頭攤位，還有賣木屐、賣帽子、賣聖經、賣灌木等等，所有的商販都忙得如火如荼。當下他倆的反應是出發前往二十二公里以外的小村，赫斯克特紐馬特（Hesket Newmarket）。到了當地，他倆入住一家舒適客棧，吃著燕麥餅，喝著威士忌，接著出門尋訪「某座古老黑色的坎布里亞丘陵或者小山，叫做卡洛克，或者卡洛克丘岡（Carrock Fell）」，狄更斯很期待去爬那座山。

柯林斯就不那麼有興趣了。他之所以猶豫也許是有道理的。就在他倆登山的那天下午，下起了大雨，整座山很快就籠罩在「比倫敦大霧更濃的雨霧中」。指南針壞了，於是他倆迷失了方向，胡亂摸索著下山到河谷，半路上柯林斯費了好大力氣且把腳踝扭傷。他倆換了衣服、服用了更多威士忌之後（狄更斯飲用，柯林斯則是混合了油，塗在扭傷處止痛消腫），搭乘一輛有頂篷的小馬車，前往市集鎮威格頓（Wigton）。在這裡，柯林斯被送到斯佩迪醫生家中，接受比較正式的治療。

從威格頓，他們前往海邊的阿隆比，可能是希望那裡帶著鹹味的海風與蘇格蘭海濱風景能夠幫助柯林斯恢復精神。這個小村自詡為度假勝地的主要資格是海灘上的一頭驢，此地環境宜人，但消遣不多。狄更斯把動彈不得的柯林斯留在帆船旅館的沙發上，走路去附近的瑪麗港（Maryport）取自己的郵件。最終他倆決定繼續前往蘭開斯特，從那裡去了里茲，很快又終於去了唐卡斯特。

一八五七年十月三日至三十一日，
《兩個閒散學徒的懶散之旅》首次刊登
在《家常話》，但是狄更斯在世時始終
沒有再版。不過這兩位作家的北方冒險
之行（或曰柯林斯的意外事故之行）將
在文學史上留下更深的印記。兩年後，
柯林斯開始寫《白衣女郎》（*The Woman
in White*），就將部分內容設定在他倆曾
經走過的坎布里亞地區。瑪麗港郊外的依
萬瑞格大宅（Ewanrigg Hall），就是這本
書中林默里奇大宅（Limmeridge House）
的藍本，而這部小說也是在狄更斯的刊物
《一年四季》上連載問世。

左圖：英格蘭，湖區，卡洛克丘岡的山頂。
上圖：《唐卡斯特火車站》（*The Railway Station at
Doncaster*），《倫敦新聞畫報》，一八四九年九月十五日。
右圖：女演員艾倫‧特南，約一八六〇年。

康拉德往
剛果河上游跋涉

北大西洋

剛果民主共和國

剛果河

1 博馬
2 馬塔迪
3 馬揚加
4 金夏沙（利奧波德城）
5 博約馬瀑布（史丹利瀑布）

約瑟夫・康拉德
在剛果目睹真正的恐怖

　　約瑟夫・康拉德（Joseph Conrad，一八五七一～九二四）談到自己在比屬剛果的經歷，以及小說《黑暗之心》（*Heart of Darkness*，一八九九）的基礎時曾說，這部小說「的演繹有點（只有一點點）超過了實際上的情況」。康拉德出生於原屬於波蘭王國的烏克蘭波多利亞省（Podolia），本名泰奧多爾・約瑟夫・康拉德・納文奇・科熱日尼奧夫斯基（Teodor Józef Konrad Nalecz Korzenikowski）。他很小的時候就喜歡看菲德里克・馬里亞特船長（Captain Frederick Marryat）[20]寫的航海冒險流行小說，到十六歲就出海了，而水手生涯讓他走遍了全世界。

　　西非一直是康拉德發誓要去的地方，因為他熟悉蒙戈・帕克（Mungo Park）[21]等歐洲探險家的故事，帕克在溯源尼日河途中遭遇不幸，是當時《男孩們》（*Boy's Own*）雜誌的經典內容。一八九一年，機會終於來了，康拉德受邀指揮一艘剛果自由邦（Congo Free State）[22]的比利時汽船，其前任船長、丹麥人約翰・弗雷斯勒賓（Johannes Freiesleben）在與當地人起衝突之後被殺。雖說在這樣的情況下接手似乎有點不吉利，但這也不是康拉德第一次因為前任兇死而走馬上任。他渴望工作，也渴望見到非洲，於是他與比利時上剛果貿易有限公司（Société Anonyme Belge pour le Commerce du Haut-Congo）簽訂了為期三年的合約，這是當時在剛果盆地經營的主要貿易公司。這份工作他只堅持了六個月，在那裡經歷的一切，在他的精神與身體上都留下了終身的傷痕。

　　從一八六五年至一九〇八年，剛果自由邦全部由比利時國王利奧波德二世擁有。康拉德就像許多歐洲白人，相信比利時的官方說法，認為他們正在把剛果從野蠻中拯救出來。這種自我吹噓的宣傳，用來為殖民、鎮壓、全面剝削非洲人民、掠奪非洲資源等行為自圓其說，卻經不起仔細推敲，而康拉德很快就會看出這一點。

　　康拉德的非洲之行始於法國波爾多港，一八九一年五月十日，他乘馬塞約號（Ville de Maceio）出發，首先停靠加那利群島的特內里費（Tenerife），接著繼續往南，沿非洲西海岸航行。這艘船一路依次停靠塞內加爾的達卡、幾內亞的柯那克里、獅子山的自由城、貝南的科托努、加彭的自由市，接著駛入剛果河口，最後在一八九一年六月十二日抵達博馬（Boma），剛果自由邦的首都。

　　第二天，康拉德搭乘汽船逆流而上，抵達馬塔迪（Matadi），他在這裡與羅傑・凱

---

20 一七九二～一八四八。英國海軍軍官，寫作以航海為主題的小說與兒童小說，並發明了航海旗語「Marryat's Code」。
21 一七七一～一八〇六。英國探險家。在愛丁堡大學修習醫學與植物學。一七九三年，在前往蘇門答臘的商船上任助理外科醫生。一七九五至一七九七年，探查尼日河源頭。一八五〇至一八〇六年再次探查尼日河，途中遇襲身故。
22 一八八五～一九〇八。剛果自由邦並不屬於比利時政府，而是比利時國王利奧波德二世的私人產業，遭受殘酷的經濟剝削與屠殺。

斯門特（Roger Casement）同住。凱斯門特是愛爾蘭共和主義[23]運動者，也是英國外交官暨駐當地領事。後來他因詳細揭穿剛果及祕魯原住民遭受的虐待而受封為爵士，但最後因叛國罪被處決[24]。凱斯門特可說是康拉德在非洲唯一全心認可的歐洲人。他在六月十三日的日記裡記錄了他倆初次見面：「認識了羅傑‧凱斯門特先生，我認為這在任何情況下都是令人高興的事，現在更成了好運。他思維敏捷，談吐得體，聰明過人，非常有同情心。」

兩人同住了兩個星期，六月二十八日，康拉德與東家的普羅斯帕‧哈洛（Prosper Harou）跟著一支二十一人組成的商隊出發，前往金夏沙搭船（當時稱利奧波德城〔Leopoldville〕）。由於馬塔迪與金夏沙之間的剛果河段無法航行，鐵路又尚未完工，所以這段旅程（超過三百公里）必須步行。後來事實證明，這段跋涉極為艱難，一路上到處都是在烈日下腐爛的屍體，蚊子也是持續的威脅。康拉德與哈洛由於熱病發燒，大部分行程都需要人抬著走，八月二日，他們終於抵達金夏沙，已經筋疲力盡，還在病中。

康拉德被分配到汽船「比利時國王號」（Roi de Belges）上，三十名船員是非洲

---

23 一八六四～一九一六。此處指他在一九〇四年交給英國政府的《凱斯門特報告》，又稱《剛果報告》，以及一九一〇年關於祕魯亞馬遜普圖馬約盆地（Putumayo）橡膠業虐待原住民的報告。愛爾蘭共和主義主張愛爾蘭應完全獨立為一個國家。
24 凱斯門特在一戰期間為愛爾蘭獨立尋求德國協助而遭英國政府逮捕處決。此案發生後，康拉德的看法是：「在非洲的時候，我就認為他是一個沒有理智的人。我指的不是愚蠢。我的意思是，他完全是情感。他靠著情感的力量（普圖馬約、《剛果報告》等），以及純粹個人的性情，走到了今天──一個真正的悲劇人物。」

人。康拉德逆流而上，抵達博約馬瀑布（Boyoma Falls，當時稱史丹利瀑布〔Stanley Falls〕），一路上他觀察比利時象牙獵人及該公司職員駭人的殘忍行為，成群剛果人被鎖鏈拴起來，在極度汙穢的環境下做苦工，幾十至上百個村落遭遺棄或摧毀，成片鄉野被砍伐得乾乾淨淨。九月一日，比利時國王號停靠在博約馬瀑布，六天後再順流而下，回到金夏沙。回程的乘客中有一位喬治－安托萬‧克萊因（Georges-Antoine Klein），是比利時上剛果貿易有限公司派駐博約馬瀑布的商業代表。克萊因患了嚴重痢疾，在這次回程中就病死了。他是《黑暗之心》中可怕的象牙貿易商庫爾茲（Kurtz）的原型之一，庫爾茲也是在被汽船運往下游時死於叢林熱病。

　　比利時國王號在九月二十四日抵達金夏沙，此時康拉德已經因為瘧疾與痢疾病倒了。接下來在剛果的幾個月裡，他的健康經常出狀況，疾病更加強了他的絕望與幻滅感。十二月四日，他完成最後一次汽船航程後就辭職了，接著在聖誕節前兩個星期從博馬搭船回歐洲。一八九一年二月一日，康拉德在倫敦落腳，據說當時他看起來已經發燒得半死不活。他花了將近十年的時間，思考自己在剛果所見所聞，最終寫成小說。《黑暗之心》問世之後，將是有史以來對殖民主義最嚴厲的控訴。

左圖：剛果民主共和國，馬塔迪。
下圖：《剛果河畔的博馬》（*Boma, on the Congo River*），《畫報》（*The Graphic*）第二十八卷，第七一二號刊，一八八三年七月二十一日。
後頁圖：剛果民主共和國，剛果河。

伊薩克・迪尼森
來到非洲，又遠離非洲

　　伊薩克・迪尼森（Isak Dinesen）是丹麥作家凱倫・白列森（Karen Blixen）的男性筆名，她通常以這個筆名發表作品。現在這位作家在祖國的地位如此之高，連五十克朗紙幣上都印了她的肖像。但是當年對於她首次認真從事嚴肅文學的成果，她的祖國反應頗為冷淡。這本集子《七個哥德式的故事》（*Seven Gothic Tales*）受到《一千零一夜》及羅伯特・路易斯・史蒂文森（Robert Louis Stevenson）的影響，收錄的是一些神祕故事，以英文寫成，幾乎被所有出版商拒絕，卻出人意料地在美國成了暢銷書。白列森自己與丹麥的關係，也因為她熱愛非洲、尤其是肯亞，而變得複雜。在她眼中，肯亞是伊甸園，而她從這個伊甸園中遭到放逐，在一九三一年被迫回到哥本哈根北邊的家族大宅龍斯泰德隆（Rungstedlund）。

　　當初她離開丹麥，大約在距此十八年前。性格倔強的她當時二十八歲，即將成為瑞典男爵博爾・馮・白列森－菲尼克（Bror von Blixen-Finecke）的妻子。馮・白列森－菲尼克在英屬東非經營農業，她對這樣的新生活充滿了希望。而十八年後回國時，她財務破產，已經離婚。她的婚姻，以及從一九二一年開始親自經營的農場，都失敗了，顏面掃地。因為遭到出軌的丈夫傳染梅毒，她的健康不佳。而且就在幾個月前，她的情人丹尼斯・芬奇・哈頓（Denys Finch Hatton），一位熱愛非洲遊獵的英國名門貴族，在駕駛自己的吉普賽飛蛾式飛機外出行獵時墜機去世。寫作是她的康復之路，一九三七年出版的自傳《遠離非洲》（*Out of Africa*），是她最著名的作品。她的傳記作者朱迪斯・瑟曼（Judith Thurman）一針見血指出，這本書對於她災難不斷的非洲生涯，「在某種程度上做到了出色的修復」。

　　可以說，這場悲劇是註定的，起點就是馮・白列森－菲尼克放棄在肯亞經營奶牛廠的計畫，轉而投資瑞典－非洲咖啡公司（Swedo-African Coffee Company）。他在奈洛比的恩貢山（Ngong Hills）山腳下買入一千八百二十一公頃土地，闢為咖啡園。他不知道的是，此地土壤酸性太重，雨量太不穩定，無法種植咖啡獲利，因此這個計畫從一開始就註定失敗。咖啡園的合約簽訂之後，白列森就要跟著未婚夫前往肯亞，抵達蒙巴薩就舉行婚禮。

　　對於博爾的生意頭腦以及他是否適合成為白列森的丈夫，她的家人暫且將（許多）疑慮放在一邊，於一九一三年十二月初來到哥本哈根，為她送行。她首先與父母往南到那不勒斯，一起在當地待了兩個星期，然後在十二月十六日登上海軍元帥號（Admiral）。前往東非的航程需要十四天，穿過地中海及蘇伊士運河，經紅海及亞丁灣，進入印度洋，然後順著索馬利亞海岸往南，抵達蒙巴薩。

　　一九一四年一月十三日，海軍上將號抵達基林迪尼港（Kilindini Harbour），博爾

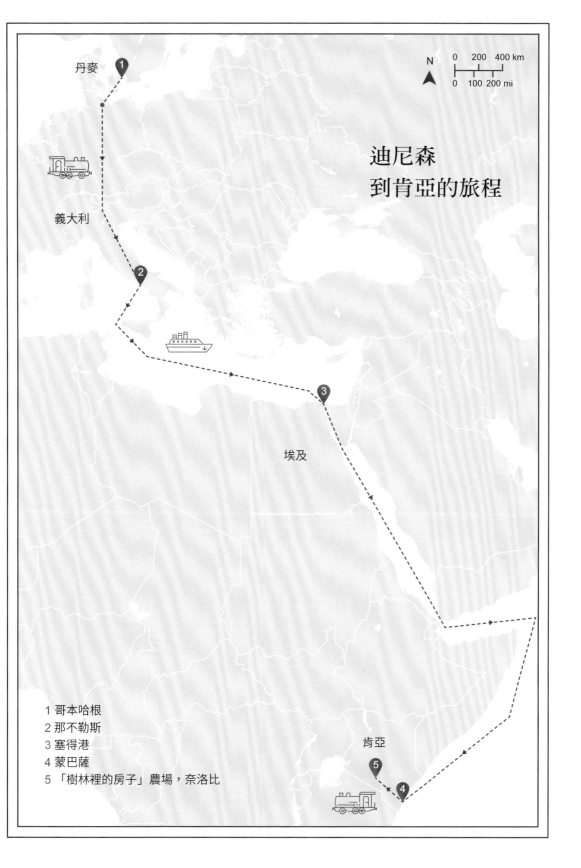

迪尼森
到肯亞的旅程

丹麥

義大利

埃及

肯亞

1 哥本哈根
2 那不勒斯
3 塞得港
4 蒙巴薩
5 「樹林裡的房子」農場，奈洛比

上船來迎接自己的新娘。在蒙巴薩俱樂部（Mombasa Club）過夜之後，第二天早上舉行婚禮，男方的證婚人之一是瑞典威廉王子（Prince Wilhelm of Sweden）。下午四點，參加婚禮的眾人護送新人到火車站，上了一節專用餐車（由總督安排，供其使用），開往奈洛比。這列火車行駛的路線是從蒙巴薩到維多利亞湖的烏干達，沒有臥鋪車廂，所以白列森夫婦只能睡在長凳上度過新婚之夜。

從奈洛比再走十九公里，就到了農場，一千兩百名工人已經集合起來，準備歡迎女主人。他們喧鬧的歡迎聲讓博爾覺得心煩，但是完全迷住了白列森。她瞬間就喜歡上了這個地方與原住民。她在晚年曾這樣評價非洲人：「他們走進我的人生，彷彿回應我天性中的某種召喚。」白列森徹底反對英國殖民者剝削當地勞力，所以她也被這些殖民者孤立了，而且在第一次世界大戰開始時，這些人謠傳她是德國間諜；白列森則稱，自己與索馬利亞人及當地肯亞人相處時感到不那麼陌生，他們對她來說，比當地英國居民「更像兄弟」。

她在肯亞的故居是一座漂亮的平房，她稱之為「Bogani」或者「Mbogani」（意為「樹林裡的房子」），現在是國立博物館，專門展示她的生平成就以及她與這個國家的因緣。博物館首次開放是在一九八六年，就在梅莉‧史翠普主演的好萊塢改編電影《遠離非洲》上映後不久，為這位作家帶來了全新一代的讀者。

左圖：凱倫‧白列森在肯亞遊獵途中，約一九一八年。
下圖：肯亞，恩貢山麓，白列森故居，現在是博物館。

亞瑟・柯南・道爾
找到埋葬夏洛克・福爾摩斯的
完美地點

　　有哪位作家像亞瑟・柯南・道爾爵士（Sir Arthur Conan Doyle，一八五九～一九三〇）一樣，對自己最著名、最受喜愛的文學創作夏洛克・福爾摩斯，如此不屑一顧？這位諮詢偵探和他的夥伴暨記錄者華生醫生首次登場，是在一八八七年《比頓聖誕年刊》（Beeton's Christmas Annual）刊登的《血字的研究》（A Study in Scarlet）。這個中篇故事，是柯南・道爾在漢普郡南海市（Southsea）工作的時候，為裝病的海員和退休公務員做檢查的空閒當中寫成的。

　　福爾摩斯沒有一夜成名。但是更多以他為主角的故事於一八九一年開始在《河岸街》（The Strand）雜誌連載（後來集結為《福爾摩斯冒險史》〔The Adventures of Sherlock Holmes〕），這位貝克街二二一號B座的虛構房客就成了風雲人物。雖然福爾摩斯讓柯南・道爾永遠擺脫了經濟上的困頓，但他對福爾摩斯卻感到很不滿，他堅信這位純粹的偵探妨礙了自己寫出更好的作品。他對這隻下金蛋的鵝從很早就開始感到幻滅，大約是在《河岸街》雜誌第一次連載剛結束，柯南・道爾就寫信給他的母親，宣稱打算殺掉這個角色。她回信道：「你不會的！你不能這樣做！你絕對不可以！」他果然沒這麼幹，而是把死亡推遲了兩年。

　　後來他在自傳中解釋：「福爾摩斯的困難之處，就是每個故事都得像一本長篇小說那樣，要有清晰而且原創的情節。」而他無法像讀者及出版商現在要求的那樣，「毫不費力就能很快編出這樣的情節」。

　　柯南・道爾在創造出兩部福爾摩斯系列之後，認為自己非常可能與自己看不起的「低層次文學成就」完全捆綁在一起，無法擺脫。為了表示決心，他決定結束這位主人公的生命。他的動機明確，但是只有在他的瑞士之旅途中，手段與方法才逐漸浮現。

　　一八九三年八月，柯南・道爾應邀前往瑞士琉森演講，他安排了後續行程，與妻子路易絲（他暱稱她為「Touie」）度假。住在歐羅巴飯店（Hotel de L'Europe）的時候，柯南・道爾結識了衛理公會牧師兼作家塞拉斯・霍金（Silas Hocking）。令霍金感到意外的是，夏洛克・福爾摩斯的創造者居然如此結實健壯、神采奕奕。柯南・道爾身材高大強壯，鼻梁高挺，眼睛略小，留著大八字鬍，尖端抹了定型蠟；從外型來看（以及之前身為醫生的氣質與專業），他更像是華生，而不是高瘦而鷹鉤鼻的福爾摩斯。當時及後來都有許多人對這件事發表意見，更令柯南・道爾不悅的是，經常有人稱呼他為「夏洛克・福爾摩斯先生」。

　　也許這就難怪柯南・道爾此時忍不住說自己「受夠了（福爾摩斯）」，對福爾摩斯的感覺就像「看到鵝肝」——有一次柯南・道爾吃多了鵝肝，從此只要看見鵝肝這個詞就讓他「感覺反胃」。

柯南・道爾
在瑞士的假期

瑞士

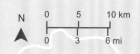

N
0   5   10 km
0   3   6 mi

1 琉森
2 邁林根
3 萊辛巴赫瀑布
4 策馬特
5 芬德爾冰河

　　柯南‧道爾與妻子從琉森出發，前往因特拉肯（Interlaken）東邊二十五公里處的邁林根（Meiringen）。福爾摩斯與華生的《最後一案》（*The Adventure of the Final Problem*），寫到了這趟路程，但是帶有不祥的預感。好人華生記錄道：

　　「我們在隆河河谷往上游漫步，度過迷人的一星期，然後在洛伊克（Leuk）離開河谷，翻越積雪還很深的蓋米山口（Gemmi Pass），取道因特拉肯，抵達邁林根。這是一次愉快的旅行，山下是春季的嫩綠，山上是無瑕的冬雪，但是我很清楚，福爾摩斯一刻也沒有忘記籠罩著他的陰影。在溫馨的阿爾卑斯山村裡、在孤寂的山口上，我都看得出來，因為他的雙眼快速掃視，銳利審視每一張與我們擦肩而過的面孔。而且他堅信，無論我們走到哪裡，都無法擺脫緊跟著我們的危險。」

　　在邁林根，柯南‧道爾夫婦前往附近的萊辛巴赫瀑布（Reichenbach Falls），這道飛瀑令人生畏，在英文旅遊手冊中，已經被列為北瑞士阿爾卑斯山區的景點。

　　遊覽了邁林根與萊辛巴赫瀑布之後，夫妻二人到了策馬特（Zermatt）。住進萊弗拉爾普飯店後（Riffelalp Hotel），柯南‧道爾很高興發現霍金也在這裡。他與霍金，還有一位名叫班森的牧師，由當地導遊陪同，前往策馬特東邊的芬德爾冰河（Findel Glacier）探險。霍金在數年後寫的回憶錄裡說，當他們在冰河上漫步，「為了避開裂縫而繞道」，柯南‧道爾提起要處理掉福爾摩斯。他告訴其他人：「我打算了結他。如果我不了結他，他會讓我完蛋。」班森是福爾摩斯迷，聽見這個消息簡直嚇壞了，極力說服柯南‧道爾不要這樣做。可是霍金很好奇，想知道他打算怎麼了結福爾摩斯，柯南‧道爾坦承自己還不確定。霍金聲稱，此時他提出建議，可以讓福爾摩斯掉進他們小心翼翼繞行的冰河縫隙而死，倒不失為好辦法。柯南‧道爾顯然笑著同意了。

　　那年夏天晚些時候，柯南‧道爾已回到英國家中，到了他要宣告福爾摩斯的臨終儀式的時候，他發現萊辛巴赫瀑布最符合自己的心意。以他在自傳中說的，這座瀑布「是一個可怕的地方，我認為足以成為可憐的福爾摩斯的墳墓，即使我得把自己的銀行戶頭也跟他一起埋了」。在福爾摩斯與他的宿敵、犯罪首腦莫里亞蒂教授的最後（也是最著名的）對決中，這兩人在打鬥中摔下懸崖邊緣，仍緊緊抓住對方，身體似乎撞在下方的岩石上，並且／或者被冰冷的瀑布激流吞沒。西德尼‧佩傑特（Sidney Paget）所作的一幅插圖中，兩人在瀑布頂上扭打，這也是他們的命運降臨前最後幾秒鐘。這幅插圖可說是深深烙印在維多利亞晚期社會的集體意識中。

　　《最後一案》發表於一八九三年十二月，雖然福爾摩斯的死訊在一個月前就已經洩露出去了，但是大眾依然感到震驚，無法置信。據說有人為福爾摩斯戴上悼念的黑臂紗。人們寫信給柯南‧道爾，並提出請願，希望他讓福爾摩斯復活。大約有兩萬人取消訂閱《河岸街》雜誌，以示抗議。這一切都不見效，柯南‧道爾對他們的吶喊無動

前頁圖：瑞士，琉森湖。
左圖：西德尼‧佩傑特所作的插圖，夏洛克‧福爾摩斯與莫里亞蒂教授在瑞士的萊辛巴赫瀑布，瀕臨墜亡。

於衷。他擺脫了福爾摩斯，如釋重負，馬上開始一系列新的歷史故事，背景是拿破崙時代，主人公是法國驃騎兵，下士艾蒂安‧熱拉爾（Brigadier Étienne Gerard）。

　　仍然懷念福爾摩斯的人還要等到一九○一年，柯南‧道爾終於軟化，在《巴斯克維爾的獵犬》（*The Hound of the Baskervilles*）中讓福爾摩斯復活。對柯南‧道爾來說，不幸的是（但對於偵探小說迷來說是幸事），這篇故事十分成功，以至於他又被這個角色束縛了將近三十年。

右圖：瑞士阿爾卑斯山馬特洪峰。

F・史考特・費茲傑羅
沐浴在蔚藍海岸的光輝中

　　F・史考特・費茲傑羅（F. Scott Fitzgerald，一八九六～一九四〇），爵士時代的記錄者，機智、世故，在一九二〇年代的鼎盛時期裡，他的文學才華，他那日曬下年輕英俊的外表，經常受人稱道。到了後來，人們回憶起他接下來的往事，心情卻是悲傷、憤怒與失望。一九四〇年，他在好萊塢去世，這位往昔的金童早已失去光芒，成了酒鬼，讀者幾乎都忘了他。他辛辛苦苦寫了近十年的小說《夜色溫柔》（*Tender is the Night*），在評論界及銷售上都搞砸了，也絕版了，而《大亨小傳》（*The Great Gatsby*）的初版還有不少庫存求售。

　　話說回來，在費茲傑羅初登文壇的時代，日光浴後的深色肌膚依然是大膽而摩登的，對於享受得起的人來說，是悠閒的都會精緻生活的勳章。第一次世界大戰後，日光浴成為新時尚，隨後可可・香奈兒在《*Vogue*》雜誌上加以推廣。在很大程度上，這要歸功於一群崇尚日光的美國藝術人士，他們幾乎在同一時期將法國蔚藍海岸（French Riviera）當作夏日度假勝地，這些人之中就有費茲傑羅與妻子賽爾妲（Zelda）、吉拉德・墨菲與莎拉・墨菲（Gerald and Sara Murphy）。

　　費茲傑羅把《夜色溫柔》獻給墨菲夫婦（這本書的題獻詞是「給吉拉德與莎拉──祝你們擁有許多歡欣樂事〔To Gerald and Sara—Many Fêtes〕」），書中魅力四射的主人公迪克與妮可・戴弗，就是以他倆為靈感來源。但是在小說中，精神病學家迪克逐漸開始酗酒，幾乎完全變成後來現實中的作者本人，而美麗且神經質的妮可也更近似費茲傑羅的妻子、精神不穩定的賽爾妲，而非現實中的莎拉。

　　莎拉的父親是辛辛那提的油墨製造商、百萬富翁，她是長女，成長時期有部分時間住在歐洲，融入了德國與英國貴族圈子。吉拉德是耶魯畢業生，父親博覽群書，是紐約一家生意興隆的奢侈品商店老闆，吉拉德是他的次子。由於他倆的婚姻遭到家庭反對（莎拉的父親對她選擇了這個丈夫尤其不滿），而且物質主義的美國上流社會保守沉悶，也令他倆反感，因此這對夫妻在一九二一年搬到巴黎。這次跨大西洋移民還有一個因素，就是當時匯率對他倆十分有利。美元與法郎之間並不對等，因此他們以莎拉的一小部分信託基金就可以過得很好，也避免了一些尷尬的問題，諸如吉拉德的事業前景，以及他在哈佛大學半途而廢的景觀設計學業。手頭更不寬裕的費茲傑羅夫婦也是被類似的財務考量帶到了法國。費茲傑羅在一九二四年為《週六晚報》（*The Saturday Evening Post*）寫的一篇幽默文章《如何在幾乎一無所有的情況下生活一年》（*How to Live on Practically Nothing a Year*），就描述了在歐洲大陸流浪的好處。

右圖：法國，昂蒂布。

　　一九二二年是文學史上的奇蹟年，
詹姆士·喬伊斯的《尤利西斯》，T·S·
艾略特的《荒原》，都在這一年出版，
《大亨小傳》也以當時為背景。這一年
夏初，墨菲夫婦去了諾曼第的海濱度假
地烏爾加特（Houlgate），當時時髦的
巴黎人很喜歡這裡。在當地，墨菲夫婦
又收到作曲家柯爾·波特（Cole Porter，
吉拉德在耶魯的舊友）及其妻琳達的邀
請，前往法國南部昂蒂布（Antibes），
一起住在波特夫婦租下的別墅。吉拉德
後來讚美波特「對於地點一向很有眼光，
有前衛感」；一九六二年，吉拉德在接
受《紐約客》雜誌採訪時重申，當時「沒
有人在夏天去蔚藍海岸」[25]。波特沒有再
去昂蒂布，但是墨菲夫婦被這個地方迷
住了。

　　第二年，墨菲夫婦說服海角飯店
（Hôtel du Cap）的經理，在夏季讓酒
店繼續營業（通常從五月一日起暫停營
業），保留最基本的服務人員，以待回
頭客。這一次開創了先例。打頭陣的墨
菲夫婦已經鼓勵朋友以及想法類似、喜
好自由的人們加入，但現在開始擔心外
來者會奪走他們未受汙染的田園生活。
於是他倆買下一棟房子，位於穆然小徑
一一二號（112, chemin des Mougins），
就在昂蒂布的朱昂灣（Golfe-Juan）坡
上，在這裡以時髦而非正式的風格接待
客人。墨菲夫婦將這處產業命名為美國
別墅（Villa America），以裝飾藝術的樣
式重新裝潢，房頂也改成摩洛哥式的平
頂，專門用於日光浴。

　　不過，一九二四年夏天墨菲夫婦回
到昂蒂布時，裝潢工程仍在進行，所以
他倆又住進了海角飯店。同年八月，費
茲傑羅夫婦就是在海角飯店與墨菲夫婦
見面，他們是在這一年春天於巴黎結識。
後來費茲傑羅的《夜色溫柔》開場就是

1 耶爾
2 聖拉斐爾
3 昂蒂布
4 朱昂勒潘
5 昂蒂布岬角

法國

N

| 0 | 5 | 10 km |
| 0 | 3 | 6 mi |

---

25 蔚藍海岸原本是法國富人過冬的度假地。

地中海

費茲傑羅
在法國蔚藍海岸的時光

描寫海角飯店，不過他將其虛構為高思異鄉人飯店（Gausse's Hôtel des Étrangers），並且把它的白牆寫成粉紅色以掩飾，但是他這麼做也許只是徒勞（因為實際上這是什麼地方對每個人來說都是顯而易見）：

　　「在法國蔚藍海岸，宜人的海濱，大約介於馬賽與義大利邊界之間，有一棟高大、宏偉，玫瑰色的飯店。畢恭畢敬的棕櫚樹為它泛起紅潮一般的表面增添涼意，它的前方則是一小段耀眼的沙灘……這家飯店，與它那猶如祈禱毯的亮古銅色沙灘是一體的。」

　　就像小說開頭年輕的羅絲瑪麗及其母一樣，費茲傑羅夫婦是從巴黎搭火車來到蔚藍海岸。一開始住在懶散呆滯的小鎮耶爾（Hyères），賽爾妲覺得這裡沉悶，於是他們很快就搬到聖拉斐爾（Saint-Raphaël），費茲傑羅將其形容為「一座臨海而建的紅色小城，有著歡快的紅屋頂房舍，散發著壓抑的狂歡節氣息」。就在此地租住的瑪麗別墅（Villa Marie）裡，費茲傑羅開始認真創作《大亨小傳》；昂蒂布岬角上那座燈塔的綠色光束不斷閃爍，也許就是靈感來源；《大亨小傳》中，碼頭上的燈光代表著傑‧蓋茨比對戴西的戀慕。

　　與此同時，賽爾妲無所事事，開始了與愛德華‧熱尚（Edouard Jozan）的短暫戀情，不過沒有結果。熱尚是一位年輕的法籍飛行員，英俊瀟灑，皮膚黝黑。費茲傑羅發現妻子出軌後，妒火中燒，把賽爾妲關在房間裡，直到她保證再也不見熱尚。這對夫妻

左圖：《夜色溫柔》第一版封面，一九三四年。
上圖：F‧史考特‧費茲傑羅、史考蒂、賽爾妲在法國昂蒂布，約一九二六年。

的婚姻本就動盪，此時更是每況愈下，賽爾妲的精神狀況也隨之惡化。但是她依然在半自傳小說《為我留下那首華爾滋》（*Save Me the Waltz*）當中銘記了熱尚，這本書的女主人公阿拉巴馬·貝格斯（Alabama Beggs）在法國蔚藍海岸，與一名叫做雅克·謝夫賀–菲耶（Jacques Chèvre-Feuille）的飛行員發生了婚外情。

接下來五年的夏季，費茲傑羅夫婦在蔚藍海岸度過大部分時光，包括連續兩年住在朱昂勒潘（Juan-les-Pins）海堤上的聖路易別墅（Villa St Louis），費茲傑羅在這裡終於完成了《大亨小傳》，這似乎是他最滿足的時候。「我們回到了我心愛的蔚藍海岸（在尼斯與坎城之間），一棟很好的別墅裡，」他在一封信裡寫道，「我比之前多年都要幸福。這是陌生、珍貴卻又太過短暫的時刻，生活中的一切似乎都很順利。」

無可避免的是，這並不會持續。華爾街股市崩盤、墨菲夫婦心愛的兒子派翠克於一九二九年早逝、費茲傑羅酗酒失控、賽爾妲的精神狀態愈來愈不穩定，這些都代表著那些燦爛的南法夏天要結束了。費茲傑羅試著把這些時光寫出來，但是酗酒嚴重阻礙他的進展，《夜色溫柔》在一九三四年初版，並沒有吸引多少人欣賞。那是大蕭條最嚴重的時候，這本小說遭到評論者猛烈抨擊，視為奢靡頹廢捲土重來，而且也令墨菲夫婦極為不悅，尤其是莎拉，感到受傷而氣憤。但是這本書依然以一種也許有缺陷、但是奇妙的方式，反映了一個時代、一個地方，獨特地見證了蔚藍海岸對費茲傑羅的重要，也見證了這個地方對他的人生與寫作的影響，無論是好是壞。

右圖：法國蔚藍海岸。

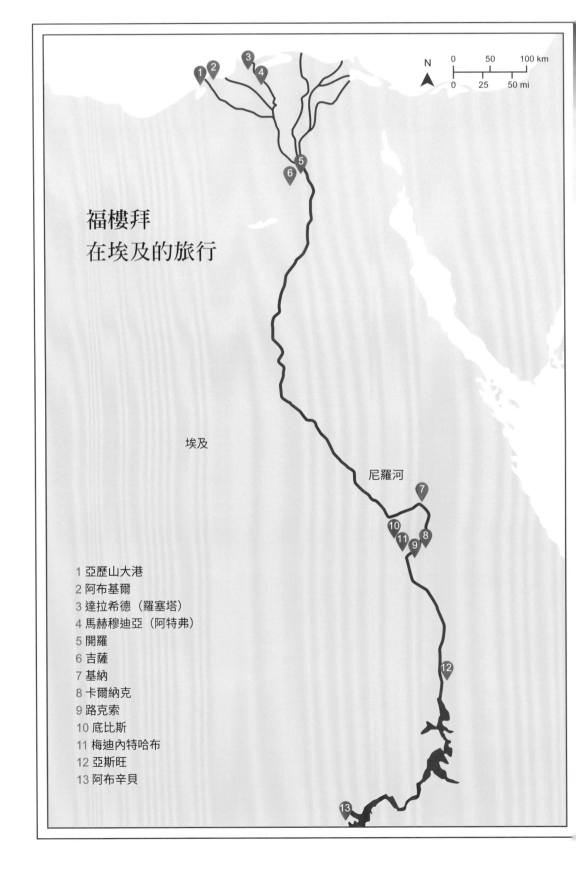

福樓拜
在埃及的旅行

埃及

尼羅河

1 亞歷山大港
2 阿布基爾
3 達拉希德（羅塞塔）
4 馬赫穆迪亞（阿特弗）
5 開羅
6 吉薩
7 基納
8 卡爾納克
9 路克索
10 底比斯
11 梅迪內特哈布
12 亞斯旺
13 阿布辛貝

古斯塔夫・福樓拜
沉迷於東方

　　一八三三年九月十四日，一艘船載著一件巨型石製品，駛入巴黎西北方一百二十八公里處，塞納河上的港市盧昂，停靠在哈爾寇特碼頭（Harcourt quay in Rouen）。這艘船名為路克索號，將近兩年前從埃及出發，船上載著拉美西斯二世的方尖碑。這座粉紅色花崗岩碑高二十五米，在拉美西斯二世的神廟前守護了三千多年，就在尼羅河畔的城市路克索，但現在它的新家卻是巴黎的協和廣場。人們聚集在碼頭邊，驚奇地凝視著這屬於古代世界的一角碎片，在諾曼地逐漸浮現於眼簾中。當時的人群裡，就有十一歲的古斯塔夫・福樓拜（Gustave Flaubert，一八二一～一八八〇）。他是著名外科醫生的幼子，從小在兒童遊戲室裡聆聽一千零一夜故事的時候，就已經喜愛上東方的一切。進入青春期後，他大量閱讀拜倫勛爵與維克多・雨果的作品，於是這項嗜好更加強烈。

　　幾乎從能夠握筆的那一刻起，福樓拜就是不折不扣的寫作者，九歲就為家人寫劇本；他還執著於白日夢，十五歲就迷戀上比他大了十一歲的已婚女子伊麗莎・史利辛格（Elisa Schlésinger）。已故的偉大福樓拜學者法蘭西絲・史提格穆勒（Francis Steegmuller）曾指出，福樓拜一生中的唯一真愛、自由奔放的詩人暨作家路易絲・柯雷（Louise Colet），也是比他大十一歲的已婚婦人。

　　福樓拜終生未婚，年輕時流連風月場所。在給柯雷的信裡，他坦率承認：「也許這是變態的喜好，但是我喜歡娼妓，也喜歡除了肉慾之外的娼妓本身，每當我看見那些穿著低胸裙裝的女人在雨中的燈下行走，我的心就怦怦跳。」這位日後《情感教育》（*Sentimental Education*）的作者終於在一八四九年前往當時所謂的「東方」（the Orient）遊歷，所到之處，他都充分利用了當地的性服務。

　　福樓拜的長兄阿希爾自願從醫，大家對此都不感驚訝，因為他們的父親及外祖父都是醫生，而這位未來的作家卻沒有表現出追隨父祖長兄腳步的天分或意願，他一直把希望寄託在文名上。十八歲時，面對學醫還是學法，他選擇了法律。這個決定的重要影響，就是他與巴黎的同學馬克沁・度康（Maxime Du Camp，作家，一八二二～一八九四）結下了深厚友誼。

　　但福樓拜的法律學業戛然而止。一八四四年與一八四五年之交的聖誕新年假期中，他徹底崩潰，而且被診斷出癲癇（但關於他的病症及診斷準確性一直有爭議）。他的病情嚴重，因此被允許休學。他回到盧昂，又在義大利短暫逗留一段時間，因為當時相信此地的溫和氣候有助於改善他的健康。接下來，福樓拜躲在書房裡，辛苦筆耕十六個月，寫作史詩小說《聖安東尼的誘惑》（*The Temptation of St Anthony*）。

　　在這段時間裡，福樓拜的好友、富有的孤兒度康不僅前往北非與土耳其遊歷，還出版了一本廣受好評的遊記。對於下一次探險，他心裡有更具野心的計畫，他非常希望

下圖：開羅。

與福樓拜同行，兩人一起探索埃及，再前往敘利亞、巴勒斯坦、賽普勒斯、克里特島與羅德島。福樓拜的母親起初反對這樣漫長的旅行，認為兒子應該去馬德拉斯島住上一段時間，健康就能很快改善，但最後她還是同意了。

但是就在他們啟程之前，發生了激烈的插曲：福樓拜要求度康和另一位好友路易・布伊雷（Louis Bouilhet，詩人，一八二一～一八六九）花四天時間閱讀他剛寫完的長篇小說。讀完之後，這兩位都勸福樓拜把這四百五十一頁浮誇手稿全部燒掉，寫點別的東西。更令福樓拜驚駭的是，他們建議他寫點以當時為背景的、更現實主義的，就像歐諾黑・巴爾札克的作品。雖然當時福樓拜大感光火，但是後來他繼續寫作的時候，仍然接納了這些建議，寫出了《包法利夫人》。

度康比福樓拜更注重實際，他不僅為兩人的長途旅行策畫行程，還為兩人拿到官方的委託贊助。福樓拜的任務是為法國農業與商業部收集埃及海運、河運、商隊貿易及農耕方面的資料，不過他似乎不太可能辦得到（後來事實也證明的確如此）。而度康的任務是為教育部拍攝埃及古文物的照片。這件工作使得他們必須攜帶一大堆仍很原始的攝影器材。官方認為他們的任務非常重要，因此在部分行程中配備了武裝保鑣，以預防當地人妨礙（或拿走）他們的裝備。在旅途中，度康拍攝了福樓拜年輕時唯一一張照片，是在開羅的旅館花園中，穿著當地服裝，頭戴紅色塔布什帽

（tarboosh，類似菲斯帽〔fez〕），身穿飄逸的白色長袍。這家旅館的老闆之一是布瓦雷先生（Monsieur Bouvaret），曾是演員，他的姓氏可能為福樓拜提供了靈感，成為艾瑪·包法利（Emma Bovary）以及弗朗索瓦·布瓦爾（François Bouvard），後者出現在他未完成的遺作《布瓦爾與佩庫歇》（Bouvard and Pécuchet）。

　　他們啟程往南，搭乘馬車、汽船與火車，取道第戎、夏隆（Chalon）、里昂，在一八四九年的諸聖節（十一月一日）抵達馬賽。從這裡，他們搭乘一艘單煙囪蒸汽動力明輪推進的三桅客貨輪尼羅河號（Le Nil），抵達馬爾他。接下來前往北非的航程十分糟糕，這艘船只好折返馬爾他。他們多花了五天，直到十一月十五日，尼羅河號才得以駛近埃及的亞歷山大港。福樓拜雖然體質虛弱，卻比度康及科西嘉出身的男僕薩塞蒂更能適應波濤洶湧的航程（這兩人都嚴重暈船）。他特別喜歡於浪濤中口銜雪茄，在甲板上昂首闊步閒逛，想像自己是《恰爾德·哈羅爾德遊記》（Childe Harold's Pilgrimage）中的拜倫式航海英雄。

　　福樓拜貶斥亞歷山大港「幾乎是一座歐洲城市」，在家信和日記中批評當地西方遊客以及時髦帽子過剩。但是他一看見穆罕默德·阿里（Muhammad Ali）[26]後宮建築的穹頂就著迷了；抵達亞歷山大港海岸時，他望見的第一件事物是一個人趕著一對駱駝，這也令他感到迷人；他們下船後，撲面而來一片喧鬧與「滿肚子」五顏六色，令他頭暈目眩。

　　福樓拜和度康住在東方飯店（Hotel d'Orient），他倆帶著官方介紹信，拜訪了出生在法國的埃及軍事指揮官索里曼帕夏（Soliman Pasha），以及外交部長哈里姆·貝伊（Harim Bey），遊覽名勝古蹟，觀賞一位富商為兒子舉行割禮的慶祝遊行，自然也去了妓院。據福樓拜說，度康迫不及待要一嘗滋味，無論提供的是女人還是男孩都行。這家妓院位於他們旅館後面的一條街上，這些高級娼妓都是女性，長臥榻上還有一窩小貓，貓被挪開之後，他才得以與她們見面。接下來的幾個月裡，福樓拜與度康將在臭蟲肆虐的低級處所放縱自己的慾望以及似乎永不滿足的精力，絲毫不必擔心在遠離家鄉的地方受到指責。

　　出發前往開羅之前，這兩人沿著地中海岸乘車旅行了六十四公里，抵達拉希德（Rashid，當時稱羅塞塔〔Rosetta〕），著名的羅塞塔象形文字石碑就是在此處發現。途中在阿布基爾（Abu Qir，Abukir）的堡壘吃午餐。他們在尼羅河上航行了一段，又看了一棵被奉為神的小樹，就返回亞歷山大港。十一月二十五日，他倆登上一艘擁擠的汽船，開往馬赫穆迪亞（El-Mahmoudeya，當時稱阿特弗〔Atfeh〕），在這裡換乘較大的夜間渡輪前往開羅。

　　度康孜孜不倦拍攝他們遇到的幾乎每一處古蹟，除了妓女以外，這件工作佔據了他們的大部分行程時間，福樓拜開始感到不滿。在吉薩看見大金字塔與人面獅身像的時候，他興奮得暈頭轉向，但這種興奮逐漸消退，取而代之的是「古蹟厭倦感」（monument-boredom），這是史提格穆勒的妙語。

---

26 一七六九～一八四九。一八〇五～一八四八在位。阿爾巴尼亞裔，生於希臘，鄂圖曼帝國治下的埃及總督（「帕夏」），
　　建立了統治埃及與蘇丹的穆罕默德·阿里王朝（一八〇五～一九五三）。
27 前者出版於一八六七年，後者收錄於《三故事》，出版於一八七七年。

　　但是這種麻木在底比斯一掃而空，福樓拜對古埃及文物的熱情重新煥發。一八五〇年五月，在寫給母親的信中，對於要前往紅海及基納（Qena）而不得不離開路克索、卡爾納克（Karnak）與梅迪內特哈布（Medinet Habu）的陵墓、神廟及廳堂遺跡，他感到哀傷，形容底比斯是「一個讓人……永遠處於震驚狀態的地方」。也是在路克索，他見到了剩下的另一座拉美西斯二世方尖碑——與多年前途經盧昂的那座是一對。他感傷地想，它遠在巴黎的那座雙胞兄弟，該有多麼思念尼羅河啊，協和廣場與廣場上的出租馬車又是多麼令它厭倦，在過去的歲月裡，戰馬車曾轟鳴著從它腳下呼嘯而過。

　　兩個月後，福樓拜與度康結束在埃及的行程，從亞歷山大港航向貝魯特，開始將近一年的旅行，途經敘利亞、土耳其、希臘、義大利。之後，度康曾鼓勵福樓拜像他一樣，出版這趟旅行的遊記。不過，雖然如史提格穆勒指出，「以迦太基為舞台的小說《薩朗波》（Salammbô）、巴勒斯坦的故事《希羅迪婭》（Herodias）[27]，以及《聖安東尼的誘惑》定稿，其中許多段落都與他在埃及做的筆記有著密切關聯」，但他始終不曾出版自己的遊記。這些經歷使他擺脫了天真的青春期華麗文風，旅行筆記則磨礪了他的觀察力。在親眼目睹「真正的東方」之後，當他回到盧昂闊塞特郊區家中，他將拋開遙遠時空的異國情調故事，開始寫一部新的小說。這部《包法利夫人》將把他送上被告席，但也讓他在文學史上得享大名。

下圖：埃及，吉薩，人面獅身像與金字塔，馬克沁・度康攝影，約一八五〇年。

約翰・沃夫岡・馮・歌德
在義大利不辨方向

　　一七八六年八月二十八日，約翰・沃夫岡・馮・歌德（Johann Wolfgang von Goethe，一七四九～一八三二）在波西米亞小城卡羅維瓦利（Karlovy Vary，當時稱卡爾斯巴德〔Karlsbad〕），慶祝三十七歲生日。在過去的十年裡，這位詩人、劇作家、科學家、《少年維特的煩惱》的作者——這部小說讓他在二十四歲時就在文壇上一舉成名——一直擔任威瑪公爵及公爵夫人的樞密顧問。歌德得到年輕公爵與夫人的信任與敬重，他的巡迴大臣職務範圍多樣，包括公國的財政與礦業，甚至一度負責國防部門。但是單調的職責與沉悶的宮廷生活逐漸把這位詩人推向神經崩潰的邊緣。在生日過後幾天，大多數朝臣都回到威瑪，而歌德卻懇請公爵准假，然後匆匆啟程。九月三日凌晨三點，他跳上一輛公共馬車，沒有僕人隨行（以他的階級與地位來說，這是無法想像的），就這麼離開了，甚至沒帶多少行李。

　　就像他在信中向公爵解釋的那樣，整理自己迄今八卷作品以供出版這件事，一直壓在他的心頭，這些作品其中有部分仍未完成，或需要許多修改：

> 「之前我一直把這件事看得太輕。現在我才開始明白，如果不想讓它變成一團糟，就得把某些事做好。這一切以及許多其他事物推著我，要我去完全陌生的地方，不辨方向。我要去旅行，事實上是獨自旅行，用別的姓名，雖然這趟冒險似乎很奇怪，但我對它寄予厚望。」

　　為了這趟祕密探險，他化名為尚－腓力・穆勒（Jean-Philippe Möller）。不過在旅程的第一天，他的真實身分就被揭穿了。那是在雷根斯堡（Regensburg）的一家書店，店員是他的書迷，認出了他。根據歌德的日記，他選擇勇敢面對。他看著店員的臉，平靜否認自己是歌德，然後飛快離開現場。

　　早在一七七五年，歌德接受威瑪的職位不久之前，他的父親就敦促他去看看義大利，他父親年輕時曾在當地遊歷。歌德選擇的是南方與羅馬。他的夢想是像個簡樸的藝術家那樣生活（反正至少過上一段時間），而不是像著名作家或受人尊敬的政治家（雖然是強加在他身上的）。而他在藝術上的努力，將導致此行中最糟糕的事件：他在奧地利及威尼斯治地交界處的馬爾切西內（Malcesine），為一座堡壘廢墟畫速寫的時候，差點被當作間諜逮捕。接下來他在特倫托（Trento）、維洛納（Verona）、維琴查（Vicenza）、帕多瓦（Padua）都受到威尼斯當局格外監視，可能多少是對他有點興趣。

　　歌德的目標是盡可能低調旅行。為此他甚至增添一些義大利服裝元素，也就是維琴查本地人上市集穿的「亞麻長襪」，並刻意模仿他在維洛納觀察到的舉止，以便混入

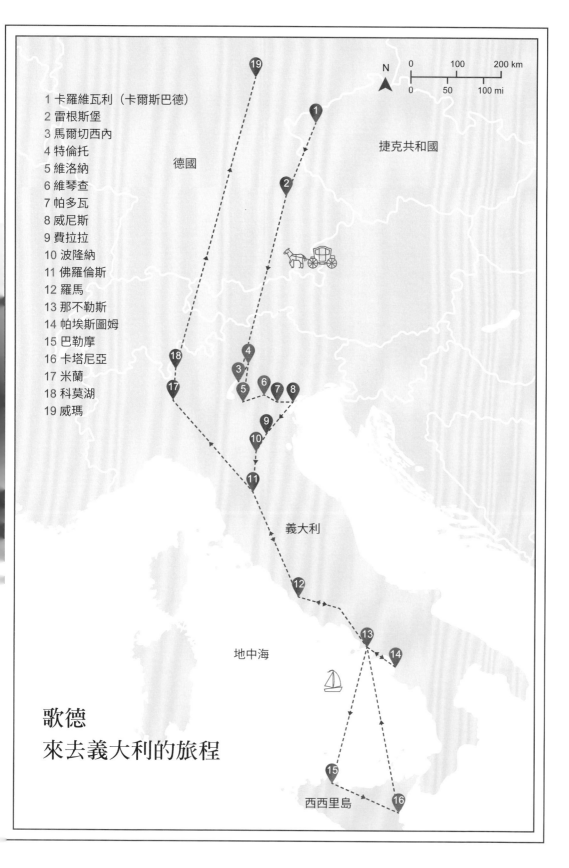

1 卡羅維瓦利（卡爾斯巴德）
2 雷根斯堡
3 馬爾切西內
4 特倫托
5 維洛納
6 維琴查
7 帕多瓦
8 威尼斯
9 費拉拉
10 波隆納
11 佛羅倫斯
12 羅馬
13 那不勒斯
14 帕埃斯圖姆
15 巴勒摩
16 卡塔尼亞
17 米蘭
18 科莫湖
19 威瑪

德國
捷克共和國
義大利
地中海
西西里島

歌德
來去義大利的旅程

人群。他身披當地裝束，以這種非正統的方式旅行，一路隱姓埋名來到威尼斯。他很高興，這是他多年來第一次能夠自由行動，不必擔心被人認出。他樂於偽裝成商人，尤其喜歡在威尼斯人群中閒逛而不為人知。為了名符其實地讓自己不辨方向，他不看地圖就在威尼斯漫步，走遍最偏僻的角落。他沉醉於威尼斯的狂歡氣氛中，這座城市的戲劇性景觀與運河的惡臭都經常讓他暈頭轉向。

　　離開威尼斯，歌德接著去了費拉拉、波隆納、佛羅倫斯，在佛羅倫斯只待了三個小時就趕往羅馬。他在十月二十九日抵達羅馬，找到長住當地的德國藝術家 J・H・W・提許班（J.H.W. Tischbein）。此前歌德一直支持他的畫作，並且斷斷續續通信。提許班為歌德在科爾索大道（Corso）上安排了住所，歌德將在羅馬停留四個月。他的傳記作者約翰・R・威廉斯（John R. Williams）認為，「至少在事後回想起來——這是他一生中最快樂、最充實的時光。」羅馬迷住了歌德。雖然他認為威尼斯的狂歡節過於喧鬧，缺乏「真正的歡樂」，因此不屑一顧，但是他依然忙著觀光、畫速寫、閱讀，甚至還寫了點東西。這座城市似乎修復了他的生活樂趣，刺激了創造力。他聽說休眠的維蘇威火山再次活躍起來，於是在一七八七年二月二十二日從羅馬前往那不勒斯。這次提許班與他同行，歌德三次攀登冒著煙的維蘇威火山，其中一次也有提許班陪同，並且兩人同遊

左圖：《歌德在鄉間的肖像》（*Portrait of Goethe in the Countryside*），J・H・W・提許班繪。
上圖：義大利，維洛納，佩雅托橋（Ponte Pietra）。

龐貝。這座火山為兩位德國人盡責上演了一場壯觀噴發，龐貝古城比想像中的小，但是緊湊，別有魅力，歌德將它比作埋在雪中的山村。

在那不勒斯，歌德不再隱姓埋名，並結識這座城市的傑出人士。其中有英國大使威廉·漢米爾頓爵士（Sir William Hamilton），以及他未來的妻子艾瑪·里昂（Emma Lyon，日後更著名的身分是納爾遜海軍上將的情婦），提許班為她畫了身著古典時代服裝的肖像。

歌德與提許班就在那不勒斯分開，在一七八七年三月二十九日登船往西西里，同行的是德國年輕藝術家，克里斯多弗·海因里希·克尼普（Christoph Heinrich Kneip），他是提許班推薦的同行人選，在這個月稍早已經陪同歌德遊覽薩萊諾（Salerno）附近的古希臘殖民城市遺址，帕埃斯圖姆（Paestum），算是一次嘗試。這趟前往巴勒摩的航程頗為艱辛，不利的風向使得他們的小帆船時而減速，時而停滯。歌德躲在船艙裡，服用麵包與紅酒以抵禦嚴重的暈船症狀。但是他仍然找到了力量與靈感，開始修改劇本《托爾夸托·塔索》（*Torquato Tasso*，十六世紀義大利詩人）的第一與第二幕。

西西里提供了更多考古與地質景點以及美食。歌德尤其喜愛西西里的萵苣，認為這種蔬菜有牛奶的味道。他和克尼普前往觀察火山熔岩，這些流出的熔岩在一六六九年差點毀了卡塔尼亞城（Catania）；他倆又在活躍的羅索山（Monte Rosso）火山口邊緣探查，但是被警告不要攀登更不穩定的埃特納火山（Mount Etna）。在西西里，歌德也

下圖：《約翰·沃夫岡·馮·歌德造訪羅馬競技場》（*Johann Wolfgang von Goethe Visiting the Coliseum in Rome*），雅可布·菲利普·哈克特（Jakob Philipp Hackert）繪，約一七九〇年。
右圖：義大利，西西里島，埃特納火山。

上圖：科莫湖

設法會見了亞歷山德羅・卡廖斯特羅（Alessandro Cagliostro）[28]的卑微親戚們。他是那個時代惡名昭彰的騙子，他那些不道德的惡作劇以及欺瞞的本事，日後將被歌德用來塑造《浮士德》中的魔鬼梅菲斯特。

　　歌德希望他們在五月中返回那不勒斯的航程可以快一點，這樣他就可以早點擺脫暈船，可是他的希望破滅了。他們的船在卡布里島附近差點觸礁沉沒，再多的麵包與紅酒也無法讓他在海上站穩不暈船。歌德在那不勒斯待了幾個星期，返回羅馬。在羅馬，他向威瑪公爵申請延長假期，得到允許，於是繼續安頓下來待了十個月。最後在一七八八年四月二十三日，他終於從羅馬啟程回家。不過直到一七八八年六月十八日，他才回到威瑪，因為途中他決定在佛羅倫斯停留，然後途經米蘭與科莫湖回國。

　　歌德前往義大利是為了不辨方向，丟開自己。但是他的旅行成為典範（甚至被濫用），也就是藉著旅行找到自己、找到新的目標感。三十年後，歌德才出版《義大利之旅》（*Italian Journey*），即這趟暫停公職的休假紀錄。但是這個國家給他的印象，以及他對義大利文藝復興及希臘羅馬遺產的勤奮鑽研，幾乎影響他後來的所有創作，尤其是他接受了事實——即自己的才華在於紙面上的文字，以及為舞台創作的文字。畫畫與素描雖然是他一生的愛好，但他再也不像從前那樣投入且重視了。

---

28 一七四三～一七九五。當時著名的冒險家、術士、神祕主義者，出入歐洲宮廷。一七八九年在羅馬被捕，隨後遭羅馬教廷判處終身監禁，死於獄中。

格雷安‧葛林
在賴比瑞亞學會重新愛上生活

　　一九三四年夏季，格雷安‧葛林（Graham Greene，一九〇四～一九九一）正靠著寫作的微薄收入勉強養活自己的小家庭。之前他的第四部小說《斯坦堡列車》（*Stamboul Train*）在評論及銷量上都引起一股熱潮，但是他厭煩了寫小說。聲稱「寧願得黑死病，也不再一年寫一本小說」。可是現在他必須以寫作謀生，他認為，既然現在旅行書籍如此流行，那就自己來寫一本。後來他承認，當時他從未離開過歐洲，甚至也很少去過英格蘭以外的地方。不過他希望迎合英美讀者的閱讀品味，他們通常喜歡相對冷門偏遠的地方，所以他選擇了賴比瑞亞。

　　一八二二年，美國慈善家為獲得自由的奴隸捐款，建立了賴比瑞亞。後來葛林被問到為何選擇這個政局動盪的國家，他直言不諱：「像艾弗勒斯峰一樣，它就在那裡。」關鍵因素是葛林很可能接受了反奴隸制學會（Anti-slavery Society）的委託（他從賴比瑞亞回國之後不久，在該學會做了一次關於該國現況的演講）。但還有一個重要原因使得他最終決定選擇賴比瑞亞，那就是他想說服堂妹芭芭拉‧葛林（Barbara Greene）一起出門探險。二十三歲的芭芭拉活潑可愛，新入社交界不久，在倫敦切爾西區的沙龍與西區的夜總會裡如魚得水，她說，在此之前，自己甚至連露營都沒去過。

　　他倆的非洲長行始於一九三五年一月四日，從倫敦尤斯頓車站搭下午六點零五分的列車前往利物浦。在利物浦的阿德爾菲飯店（Adelphi Hotel）住一夜，與其他五名乘客登上貨輪大衛‧李文斯頓號（David Livingstone），終點是獅子山首都自由城，途經比斯開灣、馬德拉島、大加那利島上的拉斯帕爾馬斯（Las Palmas）、甘比亞的班竹（Banjul，當時稱巴瑟斯特〔Bathurst〕）。芭芭拉與葛林走上舷梯的時候，被《新聞紀事報》（*News Chronicle*）的攝影師拍了下來，令葛林頗為惱火。該報隨即以聳動（且種族主義的）標題報導他們啟程的新聞：二十三歲美女啟程前往食人族之地。

　　在後來出版的此行遊記《沒有地圖的旅行》（*Journey Without Maps*）中，葛林強調，在賴比瑞亞的某些地區，尤其是東北部馬諾人（Mano）的地區，食人行為並沒有完全消失。但是當代的人類學家廣泛駁斥此一說法。葛林的這本書名差不多陳述了事實，因為他與芭芭拉即將冒險進入賴比瑞亞內陸的一些地區，那裡有茂密的灌木，只能步行抵達，而且該國首都蒙羅維亞（Monrovia）的城市居民當然很少關注這些地區。

左圖：獅子山共和國，自由城。

葛林和芭芭拉只在自由城短暫停留了一段時間，就前往賴比瑞亞邊境。他們搭窄軌火車走二百九十公里，花上整整兩天，抵達獅子山東南部的潘頓布（Pendembu），接著搭卡車前往接近幾內亞國境的凱拉洪（Kailahun），再步行三十二公里，前往波拉洪（Bolahun）一處美國人主持的教會，這裡就在賴比瑞亞境內了。他們預計在一月十六日抵達教會。

不過，離開自由城之前，他們雇了兩個當地男孩阿米度（Amedoo）及拉米納（Laminah），充當嚮導兼僕人，以及年長的廚師蘇里（Souri）。在整趟旅程中，他們必須一次雇用多達二十五名腳伕，搬運他們帶來的大量行李。據芭芭拉說，行李包括「床、桌子、椅子、幾個裝食物的大木箱、一個濾水器、一個錢箱、兩只行李箱，以及各種零碎」。

他們的最後一段路線是沿著賴比瑞亞北邊的洛法縣（Lofa Country）北緣，穿越潘德邁（Pandemai）、多勾博邁（Duogobmai，葛林認為這個地方「太糟糕了，所以沒事可做，只能喝酒」），以及季吉達（Zigida）。葛林描述季吉達「甚至在晨光中也是邪惡的」。然後他們往南，穿過嘎拉葉（Galaye）及迪厄克（Dieke），目的是抵達布坎南（Buchanan，當時稱大巴薩〔Grand Bassa〕），再從這裡沿著海岸航向蒙羅維亞。一路上，他們拍攝了宗教儀式；酷熱、塵土、螞蟻、老鼠和蛇讓他們感到絕望；他們雇用的幫手誠實堅定，令他們驚嘆；他們還遇上友善的村民、令人噁心的殖民地職員、可疑的土著商人、腐敗的政府官員。

芭芭拉通常是坐在吊床上由腳伕扛著走，而葛林自己步行以節省額外開支。他估計自己一天走的路很少於二十四

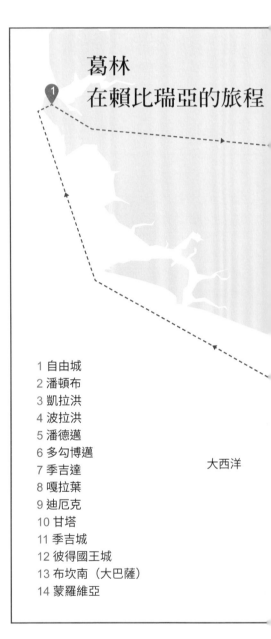

葛林
在賴比瑞亞的旅程

1 自由城
2 潘頓布
3 凱拉洪
4 波拉洪
5 潘德邁
6 多勾博邁
7 季吉達
8 嘎拉葉
9 迪厄克
10 甘塔
11 季吉城
12 彼得國王城
13 布坎南（大巴薩）
14 蒙羅維亞

大西洋

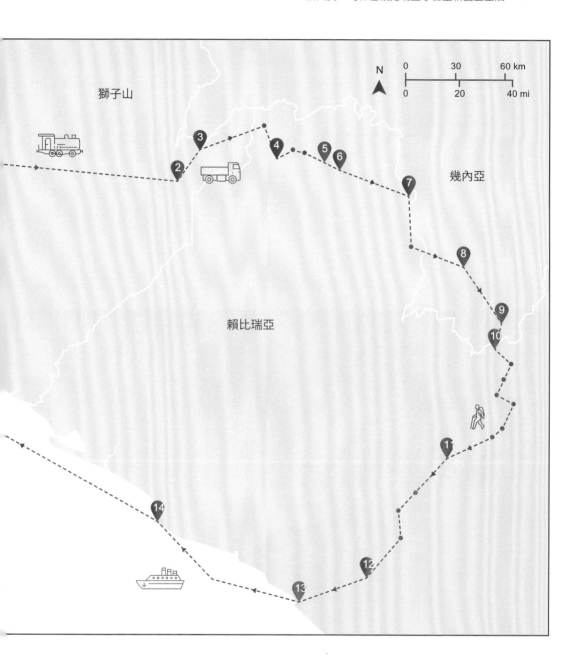

公里。在路程的最後階段，由甘塔（Ganta）到海岸之間，葛林發燒病倒了，只好讓人揹著走。到了季吉城（Zigi's Town）的時候，距離布坎南還有整整七天路程，芭芭拉開始非常擔心葛林的病情，她知道葛林是天主教徒，所以很害怕他沒有領受正確的儀式就死去。幸運的是，第二天早上葛林恢復了。在這一天，他們還得知可能會有一輛卡車在哈林斯維爾（Harlingsville）迎接他們，把他們帶到布坎南。在彼得國王城外（King Peter's Town），他們的精神更加振作，因為他們發現一處基督復臨安息日會（Seventh Day Adventist）的聚會所，德國傳教士的妻子以冰鎮水果飲料及薑餅招待他們。她給芭芭拉留下了傳統德國中產家庭主婦的印象。

　　在布坎南，他們設法擠上開往蒙羅維亞的小船，超載的船上有一百五十名反對派政治人物。這些人前往首都是為了示威遊行，反對即將舉行的總統選舉，因為這場選舉很有可能作票。在七個半小時的海上航程中，這些人都喝了發酵甘蔗汁，酩酊大醉。

　　葛林和芭芭拉在蒙羅維亞只待了九天。他倆急著回家，於三月十二日搭上麥克葛雷格・萊爾德號（MacGregor Laird）。四天後，這艘船停靠自由城，接著很快繼續航程，前往目的地多佛。四月初，葛林與芭芭拉在肯蒂什港（Kentish port）上岸。他倆就在這裡分道揚鑣，芭芭拉即刻回倫敦，葛林在鎮上的一家旅館與妻子會合。

　　正如他的授權傳記作者諾曼・雪利（Norman Sherry）所言，葛林的賴比瑞亞之行是「他的第一次探索之旅」，而且建立起他與非洲的關係，這樣的關係讓他在一九四二年派駐在自由城，從事戰時情報工作；六年後，這份工作經驗將有助於他寫作小說《事物的核心》（The Heart of the Matter）。作家提姆・布徹（Tim Butcher）曾經重走葛林的這趟重大旅程，他說，「這次旅行永遠改變了〔葛林〕對死亡與風險的態度」，因為正是在賴比瑞亞，葛林「瀕臨死亡，在病情最糟的時候出入於意識之間」，於是他就像自己所說那樣，「學會了重新愛上生活」。

左圖：賴比瑞亞，凱拉洪附近，穿越矮叢林的紅土路。
下圖：《來不及回頭》（*Too Late to Turn Back*）的平裝版封面，這是芭芭拉・葛林關於與堂兄格雷安・葛林在賴比瑞亞旅行的回憶錄。

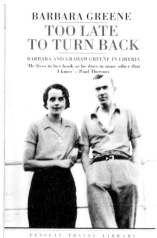

赫曼・赫塞
去東方尋找啓蒙

　　赫曼・赫塞（Hermann Hesse，一八七七～一九六二）在一九四六年獲得諾貝爾文學獎，將近二十年後，也就是在他去世幾年後，他突然成為時興的文學之名，時髦狂熱的「花的力量」（flower power）世代喜歡把他掛在嘴邊。迷幻藥的首席傳教士、遭哈佛大學解聘的心理學家提摩西・李瑞（Timothy Leary）博士[29]甚至建議，「在你服用LSD之前，先閱讀《流浪者之歌》（Siddhartha，或譯為《悉達求道記》、《悉達多》）與《荒野之狼》（Steppenwolf）。」赫塞不太可能喜歡這種發展，因為他不喜歡一切集體運動，尤其是青少年對其作品的癡迷。但是在一九六〇與一九七〇年代，他的書在年輕讀者之中引起了共鳴，這些故事的主人公往往藐視教條，在西方傳統之外獨自尋找自我實現與精神啟蒙。

　　一九一一年，赫塞的婚姻陷入困境，在第三子馬丁出生幾個月後，他就離開歐洲，開始一段倉促安排的東方之旅。他的友人，畫家漢斯・史多岑納格（Hans Sturzenegger）同行，他們在兩天內穿越德國、瑞士、義大利，於九月六日在熱那亞登上艾特爾・腓特烈王子號（Prinz Eitel Friedrich）。當時赫塞的目的地是印度，他的父母及外祖父母都曾在當地傳教。

　　他對東方所有事物都感興趣，主要是因為外祖父赫曼・昆德特（Hermann Gundert）講述的豐富多彩的故事。在他的成長過程中，外祖父是他欽佩敬畏的人物：昆德特是才華橫溢的語言學家，能夠說三十多種語言，編纂了馬來雅拉姆語[30]－英語辭典（Malayalam）及文法書，曾在印度南部待了二十三年，主要在喀拉拉邦的塔拉塞里（Thalassery，當時稱 Tellicherry），研究當地語言與方言，並傳播（基督教）上帝的話語。

　　但赫塞始終沒有抵達他的預定目的地。他的遊歷最遠只到了印度尼西亞、馬來西亞、斯里蘭卡（錫蘭）。因為雖然赫塞的確遺傳了外祖父的許多特質，但情況很快就擺明了，他缺乏這位偉大先人對於熱帶氣候的耐受力。艾特爾・腓特烈王子號剛剛駛出那不勒斯的領海，赫塞就感到酷熱難耐。船上的食物為了配合殖民地口味，主要是英國式的，這也讓他很不適應。此外他還腹瀉，而且不吃藥就睡不著。船上的其他乘客，表情慵懶冷漠，思想言談自以為是，充滿了歐洲人的先入為主，也令他很不認同，他們似乎代表了他所要逃離的一切。

---

29 在哈佛大學主持以迷幻藥物，尤其是 LSD 治療病態人格的實驗，認為很有療效。
　一九六六年遭大學解聘。並發展出以 LSD 擴展心靈與人格的哲學理念。
30 印度東南部喀拉拉邦的通行語，達羅毗茶語系。　　　　　　右圖：斯里蘭卡的大象。

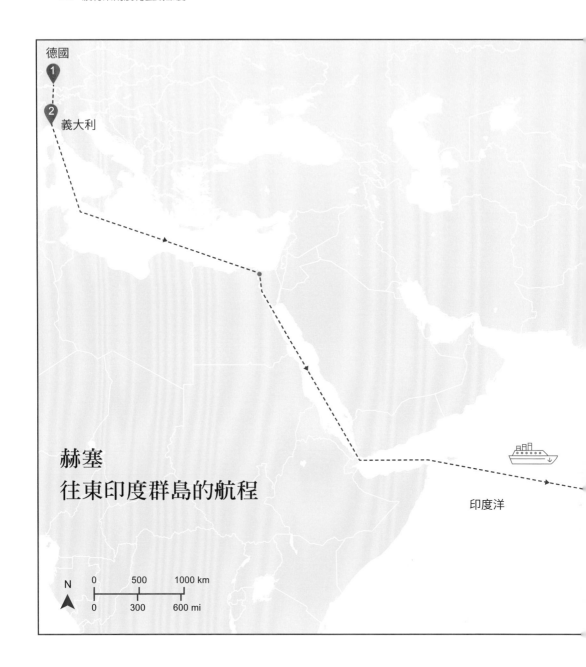

德國

義大利

赫塞
往東印度群島的航程

印度洋

N

| 0 | 500 | 1000 km |
| 0 | 300 | 600 mi |

３

４
馬來西亞

５

６
印度尼西亞

　　幾年後，赫塞將以比較浪漫的筆觸描寫他們在東方的第一站，馬來西亞檳城。他回憶這座亞洲城市的蓬勃生機是如何撲面而來，那裡的印度洋「在無數珊瑚礁島之間鄰鄰發光」，「五光十色的街頭生活」令他們「目瞪口呆」，「日夜擁擠的巷弄裡有著狂野多彩的人群，川流不息」，「夜裡燭火如海」。但事實上，當年赫塞對此地的厭惡多於陶醉。他討厭這裡的氣味、塵土、貧窮、絡繹不絕的乞丐與街頭小販。可以說他欣賞中國人，但是對馬來人敬而遠之，他認為馬來人過於亢奮，而且對他們的殖民壓迫者過於諂媚。赫塞與史多岑納格從檳城搭船前往新加坡，他搭乘人力車遊覽了當地。他們又從新加坡搭乘一艘荷蘭汽船航越赤道，抵達蘇門答臘。

　　赫塞的失落感愈來愈強烈。某一次他們搭乘中式小河船前往巨港（Palembang），這趟旅程更是逼近赫塞的極限。叢林的濕熱、令他害怕可能纏住自己的綠色藤蔓、昆蟲，加上感染了痢疾，都讓他心神渙散。

　　赫塞與史多岑納格很高興離開蘇門答臘，前往斯里蘭卡，他認為與前者比起來，斯里蘭卡應該是「有著蕨類與棕櫚海岸的天堂島」，但事實證明，當地的氣候與環境對他來說也並不好受。在中央省首府康提（Kandy），當時依賴紅酒與鴉片維生的赫塞病得太嚴重了，幾乎無法按計畫前往據說藏有一顆佛陀牙齒的佛牙寺（Dalada Maligawa）朝聖。不過他還是去了，而且接著似乎恢復元氣，登上錫蘭的最高峰，皮杜魯塔拉格拉（Pidurutalagala）。這趟登高似乎振作了赫塞的精神，可能也讓他明白必須盡快離開亞洲。他與史多岑納格奮力登上一艘開往新加坡的中國汽船馬拉斯號

（Maras），然後跳上他們遇到的第一艘返回歐洲的輪船。印度是始終沒去，但多少令人困惑的是，赫塞依然把此行遊記命名為《來自印度的報告》（*Reports from India*），內容主要是他對亞洲見聞的負面描述。

如果說他對於自己的亞洲見聞感到失望，那麼他與某些東方聖典的關聯——《吠陀本經》（*Vedas*）、《奧義書》（*Upanishads*）、《薄伽梵歌》（*Bhagavadgita*），以及南傳佛教經典——在他回到歐洲之後反而更加深入。《流浪者之歌》寫於一九一九至一九二二年，這段期間，赫塞也接觸了德國梵文學者阿爾弗烈德·赫勒布蘭特（Alfred Hillebrandt）的《梵書與奧義書》（*From the Brahmanas and Upanishads*，原文書名為 *Altindische Weisheit aus Brahmanas und Upanishaden*），《流浪者之歌》就是閱讀以上這些經典的成果。這部小說以公元前五世紀的印度為背景，講述悉達多的故事，他是婆羅門祭司之子，必須捨棄自己的信仰與家庭，獨自探索真理。書中描繪的印度是非現實的，也許正因為這部小說的舞台並非赫塞實際去過卻發現不那麼耀眼的地方，所以才更能屬於全人類。

上圖：《穿著畫室外衣的自畫像》（*Self-portrait in Studio Coat*），漢斯·史多參納格繪。
右下圖：馬來西亞，檳城，麻六甲海峽上的夕陽。
右上圖：曾經搭載赫塞從義大利前往東印度群島的德國輪船艾特爾·腓特烈王子號，被扣留在美國期間，位於維吉尼亞州紐波特（Newport，當時名為紐波特紐斯〔Newport News〕），攝於一九一五年三月。

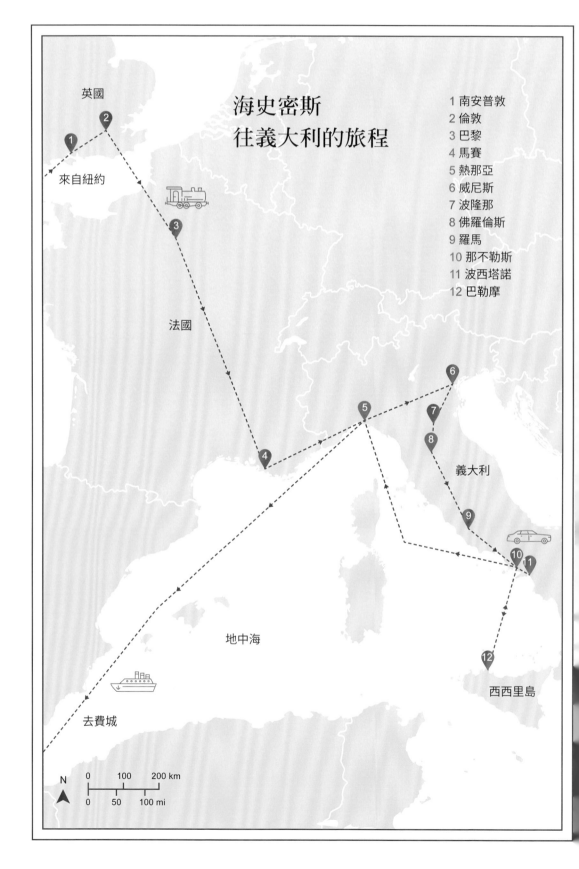

海史密斯
往義大利的旅程

英國

來自紐約

法國

地中海

義大利

西西里島

去費城

1 南安普敦
2 倫敦
3 巴黎
4 馬賽
5 熱那亞
6 威尼斯
7 波隆那
8 佛羅倫斯
9 羅馬
10 那不勒斯
11 波西塔諾
12 巴勒摩

N

0   100   200 km
0   50   100 mi

派翠西亞‧海史密斯
在波西塔諾發現可能的角色

　　派翠西亞‧海史密斯（Patricia Highsmith，一九二一～一九九五）筆下的湯瑪斯‧雷普利（Thomas Ripley），無疑是現代小說中最引人注目的創作之一。他文雅瀟灑，性取向曖昧，面貌多變，是超脫道德的小偷、詐騙犯、殺人犯，出現在她的五部系列小說中，首次登場是一九五五年的《天才雷普利》（*The Talented Mr Ripley*）。在這部開篇之作中，他被派往義大利，一路上搭乘頭等艙，帶著一千美元零花錢，為富有的美國實業家去找回離家浪蕩的兒子，理查‧「迪基」‧格林利弗（Richard 'Dickie' Greenleaf）。然而接下來，這部小說對於我們行惡的能力、表象與真實的區別、個人身分的建構，都提出了質疑。海史密斯本人與這位變色龍般的精神變態主角之間關係密切，她甚至在信件上署名「派特‧H，別名雷普利」。這個角色的靈感來源，就是她在一九五二年第二次前往義大利阿瑪菲海岸（Amalfi Coast）的波西塔諾（Positano）小鎮時，在當地遇見的真實人物。

　　海史密斯是美國德州人，第一次前往義大利——以及歐洲——是在一九四九年，在此之前她剛得知出版社接受了自己的首部小說《火車怪客》（*Strangers on a Train*）。她的旅費來自之前為漫畫寫腳本的收入存款，以及家人的借款。吸引海史密斯的性別主要是女性，不過在六月四日從紐約出發的時候，她剛剛與英國作家馬克‧布蘭德爾（Marc Brandel）訂婚。在乘坐瑪麗王后號橫越大西洋前往南安普敦途中，由於搭的是經濟艙，不得不與四位女性同住一個艙房，所以心情極為鬱悶；她一面飛快寫小說，一面感覺這樁婚事應該會告吹，於是決心解除婚約，但一開始並沒有如願。

　　對於自己未來的幸福傳統婚姻，海史密斯放棄了一切認真思考的念頭，但是促使她這樣做的另一個動力，來自她在歐洲的一位女性情人。在此行的第一站倫敦，她與即將合作的英國出版商丹尼斯‧科恩（Dennis Cohen）及其妻凱瑟琳（Kathryn）住在一起。凱瑟琳聰穎而有魅力，從前是演員。她帶著海史密斯參觀倫敦景點，並陪她前往華威郡亞芬河畔史特拉福的劇院。海史密斯很快就被這位年紀稍長的成熟女性吸引，但是由於她的行程安排，她必須離開英國，前往歐洲大陸了。

　　從維多利亞車站開出的一列海運聯運火車，將她帶到巴黎，她喜歡巴黎的邋遢與華麗。從這裡，她往南到馬賽，接著是義大利城市熱那亞、威尼斯、波隆那、佛羅倫斯、羅馬。她在羅馬感覺生病了，而且孤獨，於是寫信給凱瑟琳，求她來義大利與她會合。最後她倆安排好在那不勒斯見面，那是海史密斯計畫的下一個目的地。

　　那不勒斯城那些破敗的廢墟、充滿喧鬧生活的髒亂街道，立刻讓海史密斯興奮不已。每天從黎明就是教堂鐘聲、犬吠車鳴的眾聲嘈雜，直到黃昏。凱瑟琳在九月三日抵達那不勒斯，四天後，她倆與一位朋友搭車前往波西塔諾。這座阿瑪菲海岸上的質樸小

漁村，位於海史密斯所說的「岩石環繞的理想小海灣」，它將在海史密斯的人生與創作中佔有獨特地位。在這第一次出行之後不久，凱瑟琳與海史密斯就成了情侶，從下一站西西里返程的小船上，她倆短暫的戀情點燃，接著在那不勒斯延續了幾個星期，直到九月二十三日，海史密斯從熱那亞登船，航向美國費城。

　　不過三年之後，海史密斯回來了，帶著新伴侶艾倫・希爾（Ellen Hill）。希爾是社會學家，情緒不穩且專斷，經常嘮叨海史密斯酗酒、在家中邋遢懶散。據海史密斯的傳記作者安德魯・威爾森（Andrew Wilson）所言，她與希爾的關係「從一開始就是折磨」。她倆在一九五二年六月初，從佛羅倫斯前往波西塔諾，這是長達兩年的歐洲旅程中的一段。在波西塔諾，她倆住進阿爾貝戈・米蘭馬雷飯店（Hotel Albergo Miramare），這裡擁有薩萊諾灣（Gulf of Salerno）與地中海的景色。住在這間適旅店的一天早上，大約六點左右，海史密斯走到她倆的房間陽台上，看見一個身影獨自走在樓下的沙灘上。後來她回憶道：「四周一切涼爽而安靜，在我身後懸崖高聳……我注意到一個年輕人，孤身一人，穿著短褲涼鞋，肩上甩著一條毛巾。……他周身有一種鬱鬱不樂的氣息，也許是不安。」海史密斯再也沒見到這個年輕人，也不知道他的姓名，但是她被這個形象深深吸引；兩年後，她就以他為原型，塑造了湯瑪斯・雷普利。

　　波西塔諾也將在《天才雷普利》裡得到應有的地位。在小說中，這個村莊叫做蒙吉貝洛（Mongibello），雷普利就是在這裡誘騙迪基・格林利弗及其女友瑪姬，並且進入他們的生活。這對情侶把這裡的一棟房子當作基地兼海灘別墅、一個寧靜的處所，在這裡認真地無所事事，只有含著金湯匙出生的人才知道這種生活。遺憾的是，如今波西塔諾已經不再像海史密斯當年那麼寧靜了。一九九〇年代末，電影導演安東尼・明格拉（Anthony Minghella）準備拍攝自己的《天才雷普利》，他認為整個阿瑪菲灣都不適合，因為這裡已經開發得傷痕累累。於是他選擇在伊斯基亞島（Ischia）及普羅奇達島（Procida）拍攝蒙吉貝洛的場景。

右圖：那不勒斯。
後頁圖：義大利，波西塔諾。

柔拉・涅爾・賀絲頓
身上有牙買加與海地的咒語

　　第一次世界大戰結束後不久，一群美國的非洲裔作家、詩人、劇作家、藝術家與音樂家開始嶄露頭角，在紐約市致力創作，他們表達黑人經歷，深入自己的非洲傳統，擺脫白人賦予的刻板印象與偏見，這就是哈林文藝復興運動（Harlem Renaissance）。柔拉・涅爾・賀絲頓（Zora Neale Hurston，一八九一～一九六〇）是哈林文藝復興的一員。她起初在一九二〇年代成名，與詩人朗斯頓・休斯等人合作。但是在接下來的十年裡，她將成為備受讚譽的小說家以及民俗學家先驅，在國際上獲得更廣泛的聲響。

　　賀絲頓畢業於巴納德學院（Barnard College），是德裔美籍人類學家弗朗茨・鮑亞士（Franz Boas）[31]的門生，最早在哈林區做過一些人類學田野調查。不過在一九二七年，她在鮑亞士的鼓勵下，回到佛羅里達州老家，收集研究美國南方的黑人民俗及傳說。這次調查為她的第一本非虛構書籍《騾子與人》（Mules and Men）提供了大量資料。這本書在一九三五年出版，也就是在她的半自傳體首部小說《約拿的瓜藤》（Jonah's Gourd Vine）出版一年之後。這部小說的大部分背景自然也是佛州及她的家鄉伊頓維爾市（Eatonville），一座居民皆為黑人的城市。

　　一九三六年三月十六日，賀絲頓接到消息，她得到古根漢基金會一筆兩千美元的資助，用於「研究西印度群島黑人的魔法習俗」。這是她渴望已久的研究計畫，將讓她暫時離開美國十六個月，其中將近一年在牙買加與海地，並且在一九三七年五月至九月回到海地，完成她對於該島的巫毒習俗研究。

　　然而在離開之前，她必須解決一件私事。當時賀絲頓四十多歲，離過三次婚，與小她二十歲的哥倫比亞大學研究生珀西・龐特（Percy Punter）有一段熾熱的戀情。後來她說這是「我一生中真正的愛情」。龐特要賀絲頓嫁給他，要她放棄事業、與他在紐約市外安家。在個人方面及事業上，賀絲頓都不能失去自己奮鬥得來的獨立，於是她以這趟旅行為理由，暫停這段戀情。

　　她從紐約啟程航向加勒比海，一九三六年四月十三日抵達海地。她在海地首都太子港暫停一天，向有關當局自我介紹，為六個月後返回此地做準備，然後繼續搭船前往當時仍是英國殖民地的牙買加。牙買加的各種非洲－加勒比社群之間的種族摩擦，以及黑人女性的悲慘命運，都令她震驚。在沿海多山的聖瑪麗教區（parish of St Mary），與她交談的一名男子堅稱追求事業的女性「都是廢料」。

31　一八五八～一九四二。現代人類學先驅，美國學界人類學開創者，一八九六年起任教於哥倫比亞大學。賀斯頓於一九二五至一九二八就讀於哥倫比亞大學巴納德學院，取得人類學學位，當時是該學院唯一的黑人學生。她在畢業後繼續跟隨鮑亞士做了兩年研究。

左圖：牙買加，從藍山（Blue Mountains）眺望京斯頓方向。

　　然而，賀絲頓身為擁有學術資歷的美國訪客，整體而言比她的牙買加姊妹受到了更多尊重，並獲得此前從未授予女性的榮譽：在聖瑪麗教區，眾人宰了一頭山羊，以慶祝她到訪——這種香料山羊肉盛宴的傳統儀式是在月光下舉行的，而且一直是該教區的盛事。賀絲頓還獲准與一位胡都（Hoodoo）巫醫定期會談，並兩次參加「九夜」儀式（Nine Night），這種儀式是為了防止死者從墓中復活。

　　在牙買加的最後三個月，她大部分時間都待在馬龍人（Maroons）的聚居地，他們是由逃脫的奴隸組成的戰士群體，一開始他們反抗且重獲自由，此後一直在逃避抓捕與同化。他們住在阿康彭聚落（Accompong），位於聖凱瑟琳鬱鬱蔥蔥的山上。首領為賀斯頓提供了一頭非常不合作的山羊充作運輸工具，協助她抵達這個偏遠的聚落。在這裡，賀絲頓再次打破通常的性別限制，與聚落男性一起深入叢林獵野豬，結果雙腳嚴重起水泡。

　　然而在牙買加期間，發生在賀絲頓身上最倒楣的事卻是在首都京斯頓。她在一家餐廳裡匆匆午飯的時候，裝著大量現金的錢包被偷了，更糟的是，授權她在當地巴克萊銀行分行兌現的古根漢基金信用票據也被偷了。她身無分文，拿著雞毛當令箭的銀行櫃檯職員也拒絕她從自己的帳戶取款，於是她只好借錢打電報給紐約，才拿到一筆緊急津貼，撐到補發的信用票據寄到她手中。

　　雖然賀絲頓發現牙買加很有趣（也令她憤怒），卻遠比不上海地。在九月二十三日返抵太子港之前的幾個星期，她已經寫信給古根漢基金的祕書，詢問是否可能再撥予一筆資金，讓她有更多時間收集海地宗教習俗的資料。所見所

賀絲頓
在牙買加與海地的時光

牙買加

N

0　　　　50　　　　100 km

0　　25　　　50 mi

1 阿康彭聚落
2 聖瑪麗教區
3 京斯頓
4 戈納夫島
5 阿爾卡艾
6 太子港

海地

加勒比海
CARIBBEAN SEA

聞經常令她目不暇給，對於巫毒的滿天諸神及各色諭令，她孜孜不倦，想得到扎實的了解與知識，想要親自觀察祭司、助手與信徒的行為；但是現在她的思緒也飄向那段被她毫不客氣拋下的愛情。有一次，在一整天收集海地傳說的田野工作之後，她筋疲力竭，但仍感到坐立不安，於是她開始寫小說。

對於當初與龐特結束戀情的方式，現在她感到懊悔，希望自己能夠解釋對於自決的需要。這本小說講述一名聰明的黑人女子珍妮‧克勞馥（Janie Crawford）命定的追索，她來自伊頓維爾，追求的是自主以及充實的愛情生活。賀斯頓以疾速寫作，只花了七週，在十二月十九日完成。她立刻把這本《他們眼望上蒼》（*Their Eyes Were Watching God*）的手稿寄給自己的美國出版商，接著匆忙趕往太子港以西不遠的戈納夫島（La Gonâve）度過聖誕假期。

回到海地本島之後，她前往阿爾卡艾（Arcahaie），接受傳奇的巫毒大祭司、「上帝賜予的聖萊熱」（Dieu Donnez St Leger）給予指導。在她親眼所見的眾多聖事儀式之中，包括某次祭司用鴿子與雞獻祭之後，令一名剛死不久的男人復活。

賀斯頓在一九三七年三月初從海地返回美國，抵達紐約後，她得知出版商對她的新小說大加讚揚，打算在這一年秋季出版。賀斯頓還與這家公司簽約，要出版一本關於加勒比之行的書（即後來在一九三八年出版的《告訴我的馬》〔*Tell My Horse*〕），因此她急於回到海地完成研究。護照問題讓她耽擱了兩個月，不過她一回到海地就重新開始鑽研巫毒信仰以及爭議頗多的殭屍（zombie）。完成這一切之後，她乘船回國，於九月下旬抵達紐約，發現《他們眼望上蒼》已經是全城的熱門話題。這部小說在遭受某些男性評論家忽視及俯就的目光之後，將成為非裔美國女性主義文學的名作。

左圖：柔拉‧涅爾‧賀絲頓敲打翁塔爾（hountar），又稱媽媽鼓（mama drum），一九三七年。
上圖：牙買加，京斯頓，西女王街（West Queen Street），一九三七年。

傑克・凱魯亞克
第一次在路上

傑克・凱魯亞克（Jack Kerouac，一九二二一～一九六九）是「垮掉的一代」作家的領軍人物，他的小說《在路上》（On the Road）感動數百萬人，激勵他們踏上屬於自己的公路旅行，率性不拘，橫越美國。一九四七年夏天，傑克・凱魯亞克在紐約與當年在預備學校的老友亨利・「漢克」・克魯（Henri 'Hank' Cru）重聚。克魯正在前往舊金山途中，已經安排好在舊金山上船擔任電機員。他邀請凱魯亞克一起到西部去，擔任他的助手；當時凱魯亞克正在寫自己的第一本小說《城與鎮》（The Town and the City），痛苦萬分，還沒寫到一半，於是他抓住了這個機會，甚至可以說是藉口。

七月十七日，凱魯亞克從位於皇后區歐松公園十字灣大道一三三之〇一號[32]的家中出發，搭上第七大道地鐵線，穿越晨邊高地（Morningside Heights）及哈林區，抵達位於布朗克斯區第二四二街的終點站。凱魯亞克從這裡搭上一輛有軌電車，出城去往揚克斯（Yonkers）。日後他聞名於世的特點包括崇尚不受約束的自由表達，以及他所謂的「自發性散文」（spontaneous prose），這種寫作形式模仿咆勃爵士樂手（bebop jazz）的狂野即興演出；但是此時他為這趟旅行做的計畫卻很精確細緻。他以紅筆畫出自己的路線，以會計師的眼光計算可能發生的費用。

由於財力有限，凱魯亞克打算搭便車去加州，而且一開始運氣很好。沿著哈德遜河往北，一路攔了幾趟便車之後，他到了紐約以北八十公里處，六號公路的入口上，這裡已經不是市區，而是康乃狄克州的農村，阿帕拉契小徑（Appalachian Trail）的起點。很不幸，暴雨使得路上空空蕩蕩，最後凱魯亞克只能心虛地溜回紐約的賓夕法尼亞車站，無可奈何掏錢買了一張往芝加哥的灰狗巴士車票。《在路上》形容這趟車程「普通」，有「哭鬧的嬰兒和炎熱的太陽，鄉親們在一個接一個的賓州小鎮上車，直到我們到了俄亥俄的平原上，真正跑了起來，經過阿什塔比拉（Ashtabula），直穿過印第安納。」

在芝加哥，他在基督教青年會住進一個便宜房間，接著馬不停蹄趕到洛普區（Loop），這裡是芝加哥的市中心商業區，有全市最好的爵士樂俱樂部。他很快就繼續前進，搭巴士到了喬利埃特（Joliet），在這裡終於搭上便車，一輛卡車把他帶到了伊利諾州的邊界。在此他偶遇一位中年婦女，正要找人幫她把一輛車開到愛荷華州的達文波特（Davenport），這裡也是爵士音樂家畢克斯・拜德貝克（Bix Beiderbecke）的出

---

32 133-01 Cross Bay Boulevard, Ozone Park, Queens。此處 Ozone 指清新的海洋空氣，而非
　地球的臭氧層。　　　　　　　　　　　　　　　　　　　　　　　右圖：芝加哥的洛普區。

生地,他是凱魯亞克的偶像。這段旅程讓凱魯亞克第一次見到了密西西比河,在《在路上》中,七月二十八日,他抵達科羅拉多州的丹佛,他的朋友尼爾·卡薩迪(Neal Cassady)住在這裡。卡薩迪自由不羈,曾是小混混和監獄常客,也寫過許多令人驚嘆的書信,凱魯亞克將他寫成《在路上》的狄恩·莫瑞亞提(Dean Moriarty),從此流傳不朽,在其他作品裡他則是柯帝·龐莫瑞(Cody Pomeray)。這個時候,卡薩迪正在複雜的三段式戀情裡糾纏,跟妻子露安妮、詩人艾倫·金斯堡(Allen Ginsberg)、後來的第二任妻子卡洛琳·羅賓森上床。除了這些曖昧關係,他還在做一份全職工作,所以凱魯亞克在丹佛的這幾天裡,只能匆匆見到這位他在精神與書信上的靈魂伴侶。

他形容這條河聞起來「就像美國自身的肉體」。

抵達丹佛的二十四小時內,凱魯亞克就寄給母親一封焦慮的信,懇求她電匯二十五美元,讓他可以買一張到舊金山的車票。他已經身無分文,而且他推測,要在落磯山、大盆地、內華達山脈的山區及沙漠裡攔便車,客氣點說也是機會很有限,而且危險。

等母親的資助終於到帳,他就出發了,隔著巴士車窗觀察猶他州的鹽湖城、內華達州的雷諾。經過加州的特拉基(Truckee)之後,凱魯亞克就差不多一直在打盹了,最後巴士抵達舊金山的市場街與第四街終點站,還得被人叫醒。他在城裡順著丘陵起伏的街道漫步,然後走過金門大橋,去馬林郡(Marin County)與克魯重聚。可是克魯並沒有給他原先承諾的工作,而是讓他在索薩利托警察局(Sausalito)和自己一起當警衛,薪資的確很低,好處是可以穿警

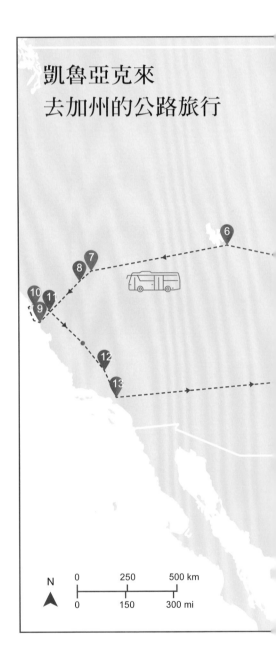

凱魯亞克來
去加州的公路旅行

N
0   250   500 km
0   150   300 mi

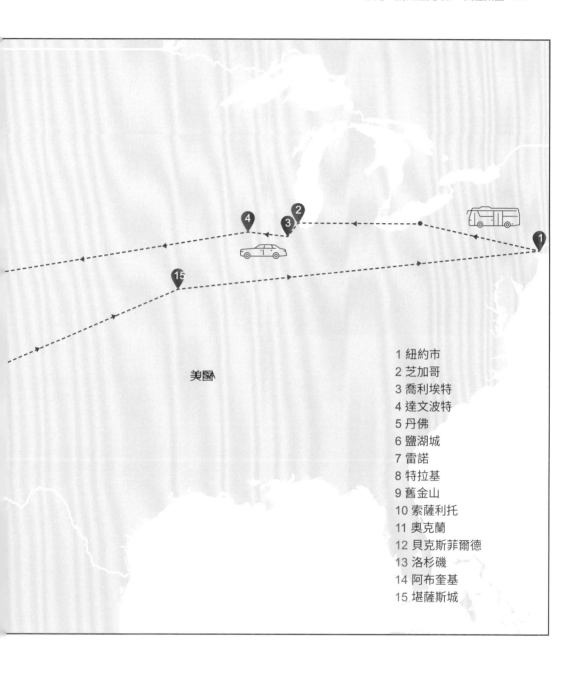

1 紐約市
2 芝加哥
3 喬利埃特
4 達文波特
5 丹佛
6 鹽湖城
7 雷諾
8 特拉基
9 舊金山
10 索薩利托
11 奧克蘭
12 貝克斯菲爾德
13 洛杉磯
14 阿布奎基
15 堪薩斯城

美國

服戴警徽，還有槍枝和警棍。

　　到了九月下旬，凱魯亞克已經厭倦了執法工作，繳回自己的警徽。他在遊覽塔馬爾派斯山之後（Mount Tamalpais）就告別了，啟程返回東岸。十月十四日，他在奧克蘭，然後沿著聖華金谷地（San Joaquin Valley）到了貝克斯菲爾德（Bakersfield）。這次他還是沒法找到願意讓他搭便車的人，於是他走到巴士站，買了一張往洛杉磯的票。在巴士上他認識了碧雅・法蘭科（Bea Franco），這位年輕的墨西哥女子是因為逃離丈夫虐待而出走。他倆成了情侶，起先躲在好萊塢梅因大街一家旅館，接著一起採葡萄與棉花，打算存錢去紐約定居。但後來他倆分開了，分手的時候她說，一旦自己的家務事都解決，就跟他去紐約，只是他倆誰也不相信這個承諾。但至少在小說中她又露面了，就是《在路上》的泰麗（Terry）。

　　凱魯亞克繼續從洛杉磯搭巴士出發，到了新墨西哥州的阿布奎基，接著是堪薩斯城。然後一路向東，直到一九四七年十月二十九日，平安抵達紐約。雖然這次旅行結束了，但凱魯亞克的個人旅程才剛剛開始，還要再走數千哩路，《在路上》才能萬事俱備出現在毫無防備的讀者大眾面前。

上圖：尼爾・卡薩迪與傑克・凱魯亞克，一九五二年。
下圖：鹽湖城。
右圖：美國，加州，馬林郡。

倫敦往育空地區
的探險

美國阿拉斯加

育空河

北太平洋

美國

加拿大育空

1 舊金山
2 湯森港
3 朱諾
4 戴伊
5 奇爾庫特山口
6 白馬急流
7 拉博格湖
8 韓德森溪
9 道森市
10 聖米迦勒

N

| 0 | 250 | 500 km |
| 0 | 150 | 300 mi |

傑克‧倫敦
在克朗代克河淘金

　　正如日後傑克‧倫敦（Jack London，一八七六～一九一六）所言，他在加拿大育空地區（Yukon）短暫的淘金經歷沒有賺到一分錢，但是他卻靠著「這次旅行的力量……成功賺到了生計」。他在當地的見聞，為他提供了一生的故事。離開克朗代克河（Klondike）兩年後，傑克‧倫敦成為美國收入最高的作家，被譽為美國的吉卜林。《野性的呼喚》（The Call of the Wild）與《白牙》（White Fang）是他最受喜愛、最經久不衰的著作，加上許多其他小說及短篇故事，都來自他在育空的經歷。

　　當年傑克‧倫敦不過二十一歲，他聽說育空地區發現了金礦，於是加入北上淘金的十萬人（大部分是男性）。那是一片遼闊偏遠、幾乎荒無人煙的地方，交通極為不便，有著冰河山脈、湖泊與密林。雖然他年紀還不大，但是在此前的八年裡已經當過流氓、水手、流浪漢、賣力氣的工人、學生、初出茅廬的記者。他的確試圖說服一家加州報社，聘用他為特約記者、贊助他的北方金礦之行，但沒有成功。

　　結果，他的姊夫，六十歲的詹姆士‧謝波船長（Captain James Shepard）也被這股稱為「克朗代克熱」（Klondicitis）的淘金潮橫掃，也想加入，於是抵押妻子的房子（顯然是在她同意之下），為這次冒險提供資金。

　　為了抵禦很可能遇上的北極圈天氣，這兩人花了大錢購買「毛皮襯裡大衣、毛皮帽、厚重長靴、厚的連指手套，紅色法蘭絨襯衫以及最暖和的內衣」。他們還得採購挖礦及露營設備（帳篷、鐵鍬、斧頭、毛毯、爐子等等），而且加拿大政府規定，只有攜帶一年份食物與補給的人，才能進入該地區。根據這兩人達成的協定，傑克‧倫敦負擔運送這所有物資到當地的大部分任務。

　　一八九七年七月二十五日，倫敦與謝波身著挖礦行頭，帶著設備，登上烏馬蒂拉號（Umatilla），從舊金山航向華盛頓州的湯森港（Port Townsend），位於西雅圖以北約五十五公里處。在湯森港，他們登上托彼卡市號（City of Topeka），這艘船也是滿載著淘金者，開往阿拉斯加的朱諾（Juneau）。在船上，他倆結識了三個志同道合的人：詹姆士‧「大個子吉姆」‧古德曼（James 'Big Jim' Goodman）、艾拉‧斯洛波（Ira Sloper）、弗瑞德‧C‧湯普森（Fred C. Thompson）。倫敦與謝波同意與他們三人組成一隊。古德曼與那些趕往北方夢想一夜致富的傻瓜不一樣，是有經驗的礦工及獵人；斯洛波身材瘦小，但是有木工技術；湯普森言語簡潔，曾任法庭職員，是個有條不紊的組織者，他寫了日記，記錄他們前往克朗代克的行程——日後那些想要將倫敦的真實經歷與小說區分開來的人，將永遠為了這一點感激湯普森。

　　八月二日，隊伍在朱諾下船。他們雇用當地原住民特林吉特人（Tlingit），乘坐其木舟，沿著一百六十公里長的峽灣，三天後抵達戴伊（Dyea）。從這裡開始，就註定

是艱辛的旅程，在他們面前是奇爾庫特山徑（Chilkoot Trail），這是一整段嚴酷曲折的上坡山路，直到抵達阿拉斯加與加拿大交界上的奇爾庫特山口。謝波可能因為心臟問題及風濕，一直在掙扎前進，他們只不過走了九天，此時他終於認輸，轉頭回家。馬丁・塔爾瓦特（Martin Tarwater）很快遞補了位置，這是他們從前在聖塔羅薩（Santa Rosa）認識的老朋友，勇於嘗試一切，他主動提出自己可以做飯、打掃，需要幫忙之處都可以加入。後來倫敦把塔爾瓦特寫進了自傳體小說《猶如古代的阿爾戈斯》（*Like Argus of the Ancient Times*）。

到了這個月底，他們已經抵達奇爾庫特山口，獲准進入加拿大。現在他們要做的就是造一艘小船，穿過一連串湖泊與小徑，進入育空河，再沿著育空河向北航行八百公里，抵達道森城（Dawson City）。天氣已經轉冷，他們只能與時間賽跑，必須在育空河結凍之前抵達，否則直到來年春天河面都無法通行。

由於時間緊迫，他們最危險的決定就是駕船衝進水勢湍急的盒子峽谷（Box Canyon）及白馬急流（Whitehorse）。白浪洶湧的白馬急流位於六十哩河上（Sixty Mile River），這是育空河的支流，據紀錄，僅僅在接下來的一年內至少就有一百五十艘小船在此沉沒。不過在倫敦掌舵之下，他們的船（命名為育空美人號〔Yukon Belle〕）輕鬆駛過了急流，載著隊員趕往拉博格湖（Lake Laberge）。在這裡，嚴酷的北風與暴雪阻礙他們前進。育空美人號花了一星期，終於越過湖面，在十月二日進入三十哩河（Thirty Mile River）。

七天之後，他們距離北方的道森市只有一百二十八公里了。在史都華河（Stewart River）與韓德森溪（Henderson Creek）匯流處的一座小島上，他們發現一棟看起來還堪用的廢棄木屋，從前屬於哈德遜灣公司。如今氣溫直降，育空也開始變得泥濘，他們決定在此安頓過冬。他們解開行李，把這棟長三點五米、寬三米的小屋儘量收拾得能住人，甚至稍微探勘了一番，結果古德曼發現自己的淘金盤裡有一點金光，看來很有希望。

此時育空河水還在流動，倫敦與湯普森便出發去道森市申報採礦權，同時打聽消息、購買補給。此時發生了巧遇，對於倫敦未來的文學創作實為幸事。他與湯普森靠岸之後，在一棟木屋旁露營，木屋裡住著路易及馬歇爾・龐德兩兄弟（Louis and Marshall Bond）。他倆都是耶魯畢業生，而且是加州大富豪希蘭・吉爾伯特・龐德法官（Judge Hiram Gilbert Bond）之子[35]。起初龐德兄弟以為于思滿面的倫敦是個典型的克朗代克流浪漢，但很快就被他的口才與令人喜歡的個性打動了。龐德兄弟有一隻聖伯納及蘇格蘭牧羊犬的混種狗，叫做傑克，就是日後《野性的呼喚》主角巴克（Buck）的原型。

---

34 當時龐德兄弟在當地擔任礦業工程師。日後倫敦與龐德兄弟在加州及內華達州仍有
　　會面，龐德法官是《野性的呼喚》中米勒法官的原型。　　　　　右圖：美國，阿拉斯加，朱諾。

　　道森市成立還不滿一年，就和其他這類地方一樣，大多數設施只是為了滿足淘金者的基本欲望。倫敦與湯普森在這裡待了六個星期，大部分時間裡，倫敦都待在鹿角沙龍及黃金城沙龍消磨時光，因為那裡溫暖，而且有同伴。最重要的是，他要向那些老前輩打聽挖礦生活的艱辛故事。正如相識者指出的，倫敦善於傾聽，也很健談，而且親和迷人，各個階層的人都樂於向他傾訴。

　　最後他與湯普森不得不返回韓德森溪與夥伴會合。他倆穿著雪屐，沿著冰凍的育空河，在零度以下的嚴寒中步行。抵達營地之後，接下來的幾個月則是蝸居在狹窄寒冷的小屋裡，以黑麵包、豆子、培根油和肉汁為食，由於缺乏新鮮蔬菜，所有人都得了壞血病。

　　他們的物資有限，但是倫敦很慷慨，這使得他與斯洛波起爭執。最後一根稻草則是他折斷了斯洛波用來鑿冰融水的斧頭，於是倫敦被迫搬到附近的小屋，與隊伍以外的三名男子住在一起。這種緊張的局面出現在他的短篇故事《在遙遠的國度》（*In A Far Country*），故事中，兩個男人窩在克朗代克一座小屋中過冬，最後自相殘殺。

　　一八九八年五月，育空河開凍的時候，倫敦與新室友拆掉他們的房子，做成木筏，航向道森市。他們在當地賣掉木筏的原木，賺了六百元。倫敦開始吃生馬鈴薯、喝檸檬汁，緩和了敗血症的一些症狀。六月八日，倫敦已經決定永遠離開道森市。他和兩名男子划小船出發，沿著育空河走了兩千四百多公里，抵達白令海。這趟耗盡體力的旅程將近一個月，六月底，他們抵達阿拉斯加海岸的聖米迦勒（St Michael）。倫敦在一艘開往舊金山的汽船上當了燃煤工，就這樣在一八九八年七月下旬回到了奧克蘭。他的身體飽受摧殘，幾乎一貧如洗，但在接下來的十八年裡，滿腦子都是他要訴說並打入人心的故事。

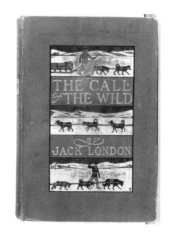

左圖：阿拉斯加淘金熱期間，淘金者翻越奇爾庫特山口，一八九七年。
右圖：《野性的呼喚》封面，一九〇三年。

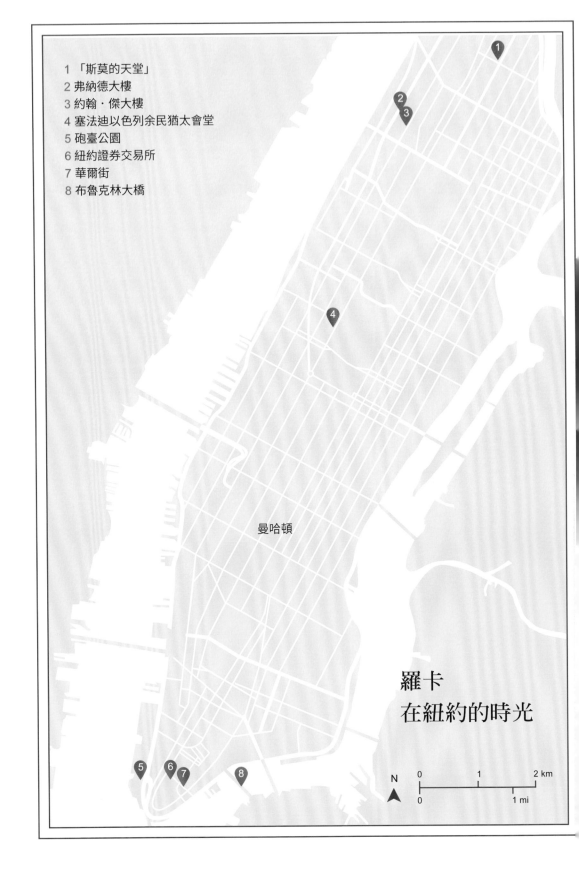

1 「斯莫的天堂」
2 弗納德大樓
3 約翰・傑大樓
4 塞法迪以色列余民猶太會堂
5 砲臺公園
6 紐約證券交易所
7 華爾街
8 布魯克林大橋

曼哈頓

羅卡
在紐約的時光

N   0   1   2 km

   0   1 mi

菲德里科 · 賈西亞 · 羅卡
淺嚐一口大蘋果

　　一九二八年暮春，薩爾瓦多·達利與路易斯·布紐爾的超現實主義同志、西班牙詩人暨劇作家菲德里科·賈西亞·羅卡（Federico García Lorca，一八九八～一九三六）陷入了抑鬱。他最近出版的詩集《吉普賽歌謠》（Gypsy Ballads）得到了當之無愧的好評，這本詩集描寫的是羅姆人，以及他的家鄉安達魯西亞的傳說、性格與色彩，讓他在西班牙可說是家喻戶曉。但是成功也使得他與達利的關係緊張，而且他相信布紐爾（及其他人）正在密謀，破壞他與達利的友情及他的個人名聲。雪上加霜的是，他鍾情的對象、長相英俊的雕塑家艾米里歐·阿拉德倫（Emilio Aladrén）與他有一段可能是（性方面）單相思的戀情，卻又與一位在馬德里從事化妝品行業的英國女子艾莉諾·多芙很認真地交往。

　　羅卡的父母擔心他的心理健康，於是向他在馬德里的朋友尋求建議，其中一位朋友提議到國外旅行也許對他有好處。不久之後，羅卡宣布他打算陪同社會主義政治家費爾南多·迪·羅斯里歐斯（Fernando de los Ríos）[35] 前往紐約，迪·羅斯里歐斯在格拉那達大學擔任法律教授的時候，曾將羅卡收為弟子，現在正要前往哥倫比亞大學講學。

　　美國的西語裔文學界一直熱切期盼羅卡到來，一九二九年六月二十九日，他在紐約下船的時候，發現一群西班牙的相識及當地記者已經在碼頭上等著歡迎他。其中最主要的是哥倫比亞大學西班牙語文學系主任費德里柯·迪歐尼斯（Federico de Onis），以及也是哥倫比亞大學西班牙語文學系的安格爾·迪里歐（Angel del Rio），後來迪里歐發表了一本關於羅卡的學術著作。迪歐尼斯為羅卡在哥倫比亞大學英語系註冊，並以此為他安排住宿，就在該大學晨邊校區的弗納德大樓（Furnald Hall）裡（六七一號房）。這門課是為了給外國人提供英語基礎，雖然羅卡上課頗為勤奮，但是他學會的英語充其量只是皮毛。日後迪里歐回憶道，羅卡在美國待了九個月之後，主要還是靠著語音記住關鍵詞語，而且他的發音令人髮指。

　　紐約因其地形以及易於辨認的棋盤狀布局，對羅卡來說出行十分容易。他最喜歡的可能是在熱鬧的紐約街道上閒逛，並且經常在哈林區、砲台公園（the Battery）、下東區、百老匯與第五街的人行道上漫步，不時光顧爵士俱樂部、電影院、歌舞劇院、餐廳、地下酒吧（當時禁酒令仍然有效）。在這樣的來回漫遊之後，他創作了一些近乎幻覺的詩歌，這些詩的標題（〈嘔吐人群的風景（康尼島黃昏）〉〔Landscape of a Vomiting Multitude（Coney Island Dusk）〕、〈撒尿人群的風景（砲臺廣場夜曲）〉〔Landscape

35 一八七九～一九四九。曾擔任議員及中央政府部長，西班牙內結束戰後，攜家人流亡美國。

of the Urinating Crowd（Battery Place Nocturne）〕、〈不眠之城（布魯克林大橋夜曲）〉〔*Unsleeping City（Brooklyn Bridge Nocturne）*〕），都使人感受到他對於城市陰暗一面的沉溺、喜悅與厭惡。這座城市居民的多樣性、他們的族裔與信仰的分歧，也是他著迷的對象。他在新教教堂做禮拜，這些教堂的裝潢簡樸，儀式沉悶，卻只讓他更加喜愛西班牙天主教傳統的壯觀，他就是在這樣的傳統中長大的。他發現，在中央公園西與七十街交叉口的塞法迪以色列余民（Shearith Israel）猶太會堂裡，所聽到的禮拜儀式與音樂更令他喜歡。

　　詩人哈特・克萊恩（Hart Crane）是羅卡在紐約結識的美國文學人士之一，據說他倆曾經與一些醉酒的水手狂歡，度過愉快的一夜。羅卡在紐約認識的朋友還有小說家暨護士奈拉・拉爾森（Nella Larsen，哈林文藝復興運動一員），她的父親是黑人，母親是丹麥人。拉爾森為羅卡介紹了哈林區，以及當地的非裔美人教會與夜總會。位於第七街二二九四號地下室的「斯莫的天堂」（Small's Paradise），是此地首屈一指的爵士俱樂部，也成為羅卡經常出沒的地方。羅卡對紐約最早發出的回應是詩歌《哈林之王》（*The King of Harlem*），這是他出自內心對美國黑人困境的譴責，以他自己的看法，這也是對美國的種族主義與資本主義制度的譴責。

　　一天晚上羅卡在百老匯的時候，巧遇英國老友，坎貝爾・哈克福斯－瓊斯（Campbell

右圖：紐約，眺望帝國大廈。
下圖：紐約哈林區的「斯莫的天堂」夜總會，一九二九年。

Hackforth-Jones），他倆是在西班牙認識的。哈克福斯－瓊斯的父親是倫敦的股票經紀人，他被父親送到華爾街的一家聯營公司見習。從那時起，羅卡與哈克福斯－瓊斯以及他的妹妹菲利斯一起度過了許多愉快的夜晚，在他們租來的七十街公寓裡暢飲違法的琴酒。羅卡還在他的帶領下參觀了紐約證券交易所，對於金錢近乎酒神式的狂熱崇拜，在這個地方具體化了。羅卡將這次接觸經驗直接化為詩句，比如〈死之舞〉（Dance of Death），就是對華爾街金融投機行為的率性抨擊。

幾個月後，就在一九二九年十月二十九日的華爾街崩盤後，羅卡加入那些聚集在紐約證券交易所外的瘋狂人群。之後他說，自己至少目睹了一次銀行家從附近摩天大樓跳窗自殺的事件。

不過在此之前的暑假期間，羅卡暫時離開曼哈頓，首先接受美國詩人菲利普·卡明斯（Philip Cummings）及其雙親的邀請，前往佛蒙特州綠山山脈下（Green Mountains）的伊甸湖邊（Lake Eden），在他們的度假屋與他們會合。寧靜的周遭環境與大自然的撫慰，平復了羅卡在紐約已經開始脆弱的神經。羅卡在佛蒙特州待了一陣子，轉往紐約州卡茨基爾山（the Catskills）的山達肯鎮（Shandaken）附近的布許尼爾斯維爾村（Bushnellsville），與迪里歐及其妻阿美莉亞會合，住在他們的農場木屋。《來自

伊甸湖磨坊的詩》（*Poems from Lake Eden Mills*）及後續《在農夫的小屋裡》（*In the Farmer's Cabin*），就是此一時期在城市外的成果。

一九二九年九月二十一日，羅卡回到紐約，搬進哥倫比亞大學校區中心的約翰‧傑大樓（John Jay Hall）一二三一號房。這是他在紐約的最後一個已知住址，他就是在這裡寫下詩集《一名詩人在紐約》（*A Poet in New York*）的許多首詩歌草稿。沒有多久，他收到哈瓦那的古巴西班牙學院（Instituto Hispano Cubano）邀請，將在第二年春天前往講學。羅卡很高興有這樣的進展，因為此時他已經非常想家了。就像他的傳記作者伊恩‧吉博森（Ian Gibson）所言，曼哈頓只是使得羅卡「體認到自己多麼熱愛故土」。他在一九三〇年三月四日搭上前往佛羅里達州坦帕市的火車，抵達當地後，搭乘汽船航向古巴；正如當時的評論家一針見血指出的，此時的他，「比起以往，更西班牙、更安達盧西亞、更格拉那達」。

下圖：美國，佛蒙特州，伊甸湖。

凱瑟琳·曼斯菲爾德
在德國溫泉度假勝地編寫故事

　　如今來到德國巴伐利亞阿爾卑斯山區小鎮巴德沃里斯霍芬（Bad Wörishofen）的遊客，在當地溫泉公園的冰山池邊（Iceberg Pond），會看見一座紐西蘭作家凱瑟琳·曼斯菲爾德（Katherine Mansfield，一八八八～一九二三）的塑像，她是曾在此地進行水療的著名訪客之一。此地的水療是由天主教神父瑟巴斯提安·克奈普（Sebastian Kneipp）設計並推廣，在曼斯菲爾德的時代，沃里斯霍芬大約有三千名常住居民，但是每年接待九千多名體弱稱病的訪客。他們來此接受克奈普的治療方法，主要是在小鎮寧靜幽美的山景中以冰冷的泉水沖洗身體。

　　曼斯菲爾德能夠獲此殊榮，多少有點令人驚訝，因為她在一九一一年十二月出版的首部短篇小說集《在一所德國膳宿公寓》（*In a German Pension*）裡，對於沃里斯霍芬居民的描寫尖銳得令人吃驚。據她的第二任丈夫約翰·米德頓·莫里（John Middleton Murry）說，她在第一次世界大戰期間拒絕再版這本小說集，因為她擔心自己年輕時對於某些德國性格與烹調習慣特徵的諷刺嘲弄，會被好戰的英國宣傳家當作工具。

　　這本小說集雖然有著稚嫩的缺點，但它宣示著一位獨一無二的現代作家就此誕生。這本書從創作直到最後被出版商接受這段期間，作者經歷了疾病、個人悲劇、命定但也是絕望的愛情邂逅、情感的折磨。她的傳記作者們已經盡力推測出那幾年裡發生的大部分事件，但某些重點依然有爭議。而且曼斯菲爾德幾乎銷毀了這個時期的所有信件，以及日後她所謂一九〇九至一九一二年間「大量抱怨的日記」，這也阻礙了人們更全面地了解她。

　　曼斯菲爾德在紐西蘭長大，在倫敦接受部分教育，她深具自由精神，是一位性解放的年輕女性，對男性與女性都有好感。她在一九〇八年回到倫敦，與小提琴家加內特·托威爾（Garnet Trowell）有了固定的感情關係，之前她曾對加內特的攣生兄弟有好感。她在托威爾家住了一段時間，與反對他倆關係的托威爾父母發生激烈爭吵，於是離開了托威爾家。當時她已有三個月身孕，沒有多久就接受了喬治·鮑登（George Bowden）求婚，他較為年長，是聲樂教師。但是婚禮後第二天早上，曼斯菲爾德就離開他，因為她無法實踐這段婚姻。為了重新點燃加內特的愛火，曼斯菲爾德前往利物浦與他會合，當時他正與歌劇團巡迴演出。她花了將近一個月在巡迴途中陪伴他，最後的結論是兩人的關係已經結束，於是她前往比利時布魯日稍作休息，同時考慮自己的選擇。

　　各種消息與謠言，包括她的草率婚姻破裂、她與加內特的關係，以及她與倫敦昔日大學同學、知心女友依達·貝克（Ida Baker）近乎女同性戀的友誼，都傳到她母親安妮·碧臣（Annie Beauchamp）的耳裡。碧臣從紐西蘭啟程前往英國，在一九〇九年五月二十七日抵達倫敦，前來與女兒對質。正是碧臣把不聽話的女兒送到德國，她

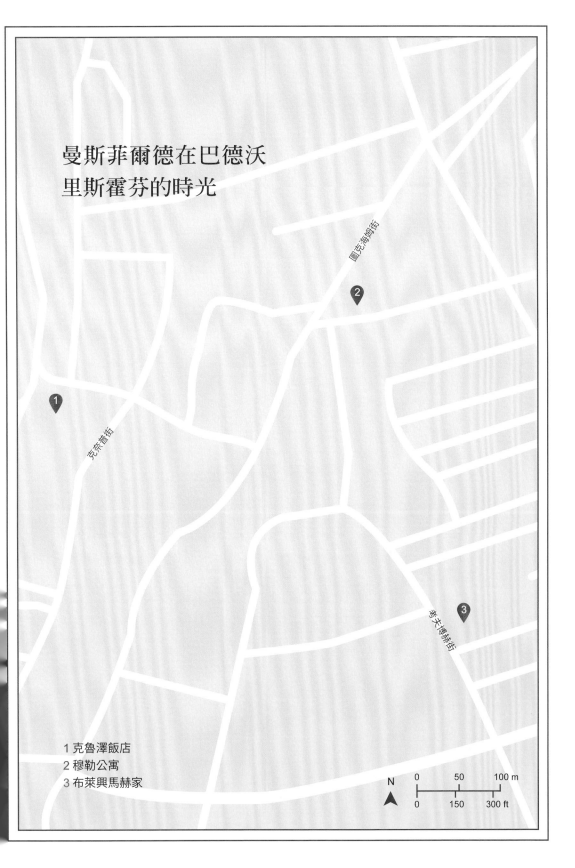

曼斯菲爾德在巴德沃
里斯霍芬的時光

1 克魯澤飯店
2 穆勒公寓
3 布萊興馬赫家

這麼做的理由仍然存在爭議，有些傳記作者懷疑她是否知道女兒有孕，也有些傳記作者的看法更有說服力，他們認為她刻意讓曼斯菲爾德去歐陸，如此她的私生子一旦出生，就可以送人收養，遠離英國與紐西蘭上流社會的視線。無論如何，六月四日，曼斯菲爾德就被安排住進沃里斯霍芬的克魯澤飯店（Hotel Kreuzer），位於克奈普街。大約一星期後，她搬到比較便宜的穆勒公寓（Pension Muller），位於圖克海姆街，她在此住了將近兩個月，這所提供膳宿的公寓日後成為她的小說裡德國公寓的背景。

　　據她的傳記作者傑弗瑞・梅耶斯（Jeffrey Meyers）說，曼斯菲爾德某次在附近森林中赤腳散步之後——這也是克奈普療法之一——得了重感冒而病倒。她的母親早已返回紐西蘭，她感到病弱，孤單，而且與環境疏離。這樣的處境只能讓她在療養期間的筆下描寫更加酸澀。後來她在羅莎・尼茨小姐（Fraulein Rosa Nitsch）的家中覓得稍微溫暖的住處，尼茨的工作是在卡西諾巷的郵局外管理一間借閱圖書室。某次曼斯菲爾德抬起過重的箱子，結果早產了一個死嬰。到了一九○九年九月下旬，她寄宿在考夫博赫街上的布萊興馬赫家（Johan Brechenmacher），直到一九一○年一月離開沃里斯霍芬。不過這一家的姓氏將在她的小說《布萊興馬赫太太參加婚禮》（*Frau Brechenmacher Attends a Wedding*）中流傳下去。

左圖：德國，巴伐利亞邦，下阿爾高地區（Unterallgäu）的阿爾卑斯山。

　　回到倫敦後，曼斯菲爾德試著與鮑登和解，搬進他位於馬里波恩區（Marylebone）格洛斯特街的單身公寓，但這次和解只維持了兩個月。不過也正是鮑登對她在沃里斯霍芬寫的故事感到耳目一新，建議她投稿給 A・R・歐拉治（A.R. Orage）主編的先進新雜誌《新世紀》（*New Age*）。

　　歐拉治收到〈累了的孩子〉（*The Child-Who-Was-Tired*）之後，立刻同意發表。這部小說刊登在一九一○年二月二十三日號刊，還有九篇小說接著陸續刊登，直到八月。六個月後，《在一所德國膳宿公寓》讓曼斯菲爾德受到倫敦文學界的擁戴，而且在這篇小說出版之後不久，她經人介紹認識了約翰・米德頓・莫里。莫里是前衛刊物《節奏》（*Rhythm*）的主編，他成為曼斯菲爾德的出版商，並且很快依序成為她的房客、情人，最後成為她的丈夫。可惜的是，最終肺結核在她三十四歲的英年奪走了她的生命，但可以說，她在如此短暫的時光裡，達到的成就卻是一些作家在兩倍年歲裡比不上的。

左圖：德國，巴德沃里斯霍芬，瑟巴斯提安・克奈普神父的住所，約一八九○年。

右圖：克奈普療法的說明圖。

KNEIPP CURE.

Fig. 1. The Knee-jet.

Fig. 2. The Head-affusion.

Fig. 3. Walking barefoot in wet grass.

赫曼·梅爾維爾
見識海上的世界

　　D·H·勞倫斯曾經這樣評價赫曼·梅爾維爾（Herman Melville，一八一九～一八九一）：「他不太像是陸地動物。」勞倫斯與維吉尼亞·吳爾芙一樣，都屬於二十世紀開頭二十幾年那一代作家與評論家，在梅爾維爾經歷了數十年沒沒無聞與備受冷落之後，他們起而擁戴，宣傳他的成就。

　　梅爾維爾出生在紐約一個蘇格蘭與荷蘭血統的美國家庭，頗有地位，家境殷實，他恐怕很難想到命運將如何翻雲覆雨，發給他什麼樣的牌。他的父親艾倫經營一家進口高級商品批發企業，生意興隆。這家公司為他們一家提供了充足的收入，他們舒適地住在一棟帶漂亮花園的大房子裡，位於百老匯街六七五號，屬於時尚的曼哈頓龐德街（Bond Street）地區，這裡住著許多上流社會的專業人士，赫曼與手足在這裡接受家庭女教師的教育。為了做生意，梅爾維爾的父親經常航越大西洋，與歐洲的供應商及製造商敲定合約，購買貨品。年幼的梅爾維爾喜歡聽父親談論這些旅行，講述他對巴黎、波爾多、倫敦、利物浦及愛丁堡的印象。父親的圖書室裡滿是法文書籍、遊記與導遊書，遙遠他鄉的狂野故事與畫面，從根本上激發了這個小孩的想像力。但是，當梅爾維爾終於自己踏上前往舊大陸的海上長行，他的身分卻不是富裕的商人，而是普通水手，而且還是未經訓練、等級最低的「小子」。

　　梅爾維爾十一歲的時候，父親破產，全家只好往北搬到阿爾巴尼（Albany），他的外祖父母、舅舅阿姨及其他親戚都住在這裡。不到兩年，他的父親去世，留下他的母親瑪麗亞，債台高築，還有八個孩子。於是養家的責任落到梅爾維爾與兄長甘斯沃特（Gansevoort）身上。他在紐約一家銀行當了兩年見習職員，還在他舅父位於麻薩諸塞州匹茲菲（Pittsfield）的農場上幫忙，然後與甘斯沃特一起做毛皮生意。但是在一八三七年華爾街大恐慌（Panic of 1837）之後，銀根枯竭，甘斯沃特破產了。梅爾維爾在鄉村學校當了一陣教師，這項工作毫無進益；然後他修習了一門工程課程。之後他找遍了（幾乎所有）工作無果，在陸地上也試遍了所有選擇，就在距離二十歲還有兩個月的時候，絕望的梅爾維爾想到了出海。

　　梅爾維爾比較年輕，沒有航海經驗，因此他加入的是聖勞倫斯號（St Lawrence）的最低階船員行列。

左圖：英格蘭，利物浦，位於碼頭頂的皇家利物大廈（Liver Building, Pier Head）。

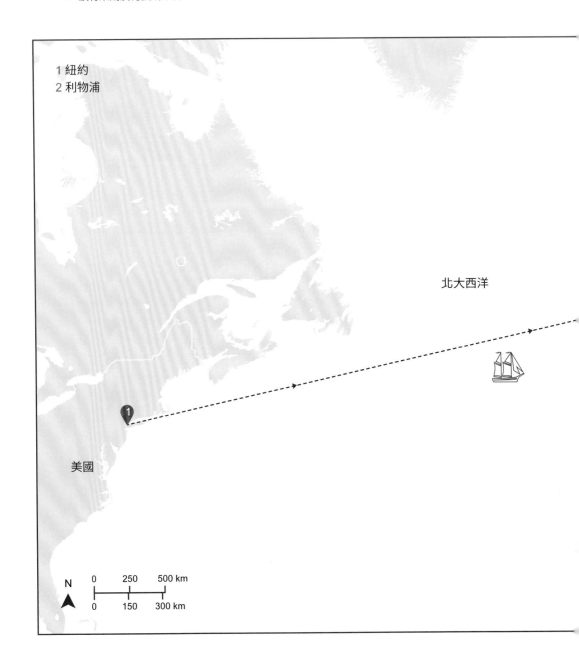

1 紐約
2 利物浦

北大西洋

美國

N

0　　　250　　　500 km

0　　　150　　　300 km

梅爾維爾從紐約
到利物浦的航程

英國

這是一艘三桅橫帆定期郵船，由船長奧利佛‧P‧布朗（Captain Oliver P. Brown）指揮，航向英格蘭利物浦。這艘船從紐約出發的時候，由於風颳向陸地，而且下了三天大雨，所以延遲了。對於他這樣的年輕人來說，這也許是不祥之兆；他熱愛的拜倫詩歌，滋養了他對這次遠洋冒險的期望，浪漫而不切實際，也明顯影響他已經開始創作的稚嫩作品。聖勞倫斯號裝載了九百二十包棉花以及幾位乘客，終於在一八三七年六月五日星期三，從紐約港十四號碼頭出發。官方船員名單上有一名「諾曼‧梅爾維爾（十九歲；身高五呎八吋半；膚色淺；髮色棕）」在船上，名字的謬誤可能是事務長在辨認梅爾維爾的字跡時寫錯了，他的字跡難以辨認是有名的。

二十七天後，聖勞倫斯號抵達梅西河口（River Mersey），在王子碼頭靠岸（Prince's Dock）。在這二十七天裡，梅爾維爾受到殘酷的船上現實生活教育。因為他只是個「小子」，見習水手，所以他負責雜役，必須刷甲板、潤滑桅杆、收纜繩、收帆、展帆。他必須馬上記住無數索具的名稱與實際用途，以及如何打各種繩結。站崗也是他的責任，還得清理船上的豬圈與雞欄。

他的表現似乎令人滿意，他也感到自豪，因為他向心有疑慮的人證明了自己，這些人大都粗魯且直截了當，而他因為沒有航海經驗，帶著書生氣與中產階級的舉止，遭到毫不留情的戲弄。

正如幾位傳記作者指出的，梅爾維爾在第三本小說《瑪地》（*Mardi*）中描寫的似乎就是他在聖勞倫斯號上的處境。他寫道：

「如今到了海上，而且在水手的圈子裡，所有人都顯出自己的本色。研究人性的學校莫過於一艘船。人與人之間的接觸實在太近，太頻繁，無法作假。你的性格就像你寬大的長褲一樣顯眼。努力假扮你沒有的特質，或者掩蓋你擁有的特質，都是徒勞。無論多麼希望喬裝身分，都是不可能的。因此，在我航行過的所有船隻上，我都毫無例外被冠以某種冷淡疏遠意味的稱號。請容我在此解釋一下，這並不是因為我把手伸進焦油桶裡的時候扭捏，也不是爬上帆纜的時候像個伯爵一樣裝腔作勢。不是的，我從來沒有比我的職業更上流，而我有過許多職業。我的胸膛是一樣的棕色，我的手是一樣的粗糙，就像他們當中最老練的水手。我的夥伴從來不曾指責我對自己的職務帶著裝派頭的厭惡，哪怕是在狼嚎一般的暴風中爬上主桅杆頂上，或者副桁架末端。

那麼，這個令人討厭的稱謂從何而來？因為它的確是討人厭。這是因為我身上有一種無法掩蓋的東西，從偶爾脫口而出的多音節單字裡悄然流露出來，某次用餐時令人費解的言論，模糊而毫無防備地提到純文學，以及其他一些不值一提的瑣事。」

諷刺的是，《瑪地》卻是梅爾維爾第一本失利的作品。這本書的失敗迫使他迅速連續推出《瑞德本》（*Redburn*）及《白外套》（*White-Jacket*）。這兩部是更直白的海洋小說，在《瑪地》的老朽哲思與費解情節之後，這兩部作品回歸較早期的形式，受到消費者的歡迎。但是梅爾維爾始終貶低這兩部小說。他在一封信中寫道，他認為它們是「為金錢而做的兩份工作——我被迫去做，就像必須有人去鋸木頭一樣」。不過值得懷疑的是，如果他沒有以這種速度與簡潔的文字全力完成這兩本小說，恐怕永遠也寫不出《白鯨記》（*Moby Dick*），這是一部鬆散的長篇小說，敘述裝了木腿的亞哈船長狂熱追捕那頭奪去他一條腿的白鯨。《瑞德本》及《白外套》也保持了他在出版界的競爭力。在短短十週內完成的《瑞德本》，副標題是「他的第一次航行——商船見習水手、紳士之子的自白與回憶」，他在書中也將自己在聖勞倫斯號上的經歷巧妙地小說化。就像狄更斯撰寫《塊肉餘生記》，梅爾維爾筆下的主人公、見習水手威靈布羅·瑞德本（Wellingborough Redburn）的背景與自己有許多相似之處，甚至包括失去了遊歷廣泛、喜愛收藏書籍，最終破產的父親。

聖勞倫斯號預計在利物浦停留到八月十三日。即使船員忙於準備船隻返航，仍有足夠的空閒可以探索這座城。這是梅爾維爾第一次在美國境外旅行，雖然缺錢這件事必然限制了他在城中的見聞以及遊覽，不過他還是充分利用了這次機會。當時不久前利物浦才發展成英國的第二大港，其迅速而無序的成長，來自跨大西洋販奴生意，以及擴張至蘭開夏郡內陸工業城鎮的運河網。該城的創業大老們為了自己的財富與好運而歡喜，但是碼頭貧民區的窮困與乞丐令梅爾維爾感到震撼，他在《瑞德本》中把這些地方描繪成現世的索多瑪與蛾摩拉。

惡劣天氣再次干擾了聖羅倫斯號，西向返程花了四十七天，思鄉的梅爾維爾直到一八三九年九月三十日才回到紐約。這一次航海改變了他。但是比起出發的時候，他並未富有起來，家境也沒有改善。他又當了一陣學校教師，然後前往「捕鯨城」，麻薩諸

塞州的新伯福（New Bedford）。一八四一年一月，他加入阿庫什內特號（Acushnet），出海航向太平洋。第二年，他在玻里尼西亞的馬克薩斯群島（Marquesas Islands）擅自離開這條船。接下來從大溪地到夏威夷，他累積的魚叉手與譁變者的經驗實在太多了，直到一八四四年，他與美國海軍簽約，才確定能夠返航回國。

　　人們對他講述的冒險經歷反應熱烈，他也受到鼓舞，把這些寫下來，完成小說《泰皮》（*Typee*），於一八四六年在英國出版，出版商是倫敦的約翰莫瑞公司（John Murray），也正是拜倫的出版商。而且他也像自己曾經的詩壇偶像一樣，一覺醒來，發現自己一夕成名了。可惜的是，當他在世的時候，這份聲名卻是如此短暫。

下圖：《英格蘭利物浦的王子碼頭》，版畫，一八四〇年。

亞歷山大・普希金
在高加索與克里米亞恢復元氣

　　眾所周知，古希臘哲學家柏拉圖的《理想國》（*The Republic*）將詩人排除在自己的理想城邦之外，因為他擔心性質不對的詩歌會對公民造成惡性影響。俄羅斯最受尊崇的詩人亞歷山大・普希金（Alexandr Pushkin，一七九九～一八三七），幾乎證明了柏拉圖的觀點：一八二五年，一批稱為十二月黨人的密謀者引用了他的《自由頌》（*Ode to Freedom*），於是他被認定對國家安全構成嚴重威脅。他帶有政治色彩的詩歌導致他幾度流亡、遭受官方審查，並且不止一次差點被扔進大牢，甚至處決。

　　這位早慧的詩人在十四歲就一鳴驚人，當時他仍就讀於沙皇村（Tsarskoye Selo）的帝國中學（Imperial Lyceum）。畢業後，他供職於外交部。他第一次冒犯俄國當局則是在六年後。此時他的一些詩歌公開嘲諷沙皇亞歷山大、抨擊農奴制，引起聖彼得堡警方的注意。幸好，有權勢的朋友們為他說情，於是他逃過一死，也免於遭放逐至西伯利亞；在當時部分人眼中，流放西伯利亞是生不如死的厄運。

　　普希金承諾不再創作政治性詩歌之後，被調到伊凡・因佐夫將軍（General Ivan Inzov）官邸，當局希望老練的官員因佐夫能夠給這位才華橫溢卻任性的年輕人灌輸正確的信仰與美德。當時因佐夫派駐在南俄聶伯河畔的聶伯城（Dnipro，當時稱葉卡捷琳諾斯拉夫〔Ekaterinoslav〕，位於現今烏克蘭；但他接著被任命為比薩拉比亞州（Bessarabia）全權總督，因此必須搬到該州首府基希涅夫（Chişinău，現拼寫為 Kishinev），位於現在的摩爾多瓦。普希金註定在這裡度過接下來的三年。但是在此之前，他還是短暫遊覽了高加索與克里米亞。後來他回憶道，這次旅行是他一生中最快樂的時光；這次旅行也對他日後的文學創作有著深遠影響。

　　一八二〇年五月的第一週，普希金開始他所稱的「炎熱的亞細亞邊界」之旅。他離開聖彼得堡，首先前往聶伯城。一個星期路程之後，他抵達基輔，按計畫與友人尼可萊・拉耶夫斯基（Nikolay Raevsky）消磨一個晚上。尼可萊是一名青年輕騎兵，其父尼可萊・尼可萊維奇・拉耶夫斯基（General Nikolay Nikolaevich Raevsky）將軍是功勳卓著的軍事指揮官。普希金與尼可萊，加上將軍的兩位妹妹，一起前往高加索，將軍的長子亞歷山大正在當地馬舒克山麓（Mount Mashuk）的皮亞季戈爾斯克（Pyatigorsk）溫泉療養地進行水療。然後這一家人與隨行人員轉往克里米亞，與將軍夫人及其最年長的兩個女兒會合，一起在克里米亞各地遊覽。這趟旅行的第一段行程將經過聶伯城，將軍同意屆時與因佐夫會面，請求允許普希金一起度假。

　　第二天早上，普希金繼續前往聶伯城。他在三天後抵達，向因佐夫報到，似乎給這位新老闆留下很好的第一印象。不過因佐夫很快就忙於自己的總督新職務安排，普希金無事可做，於是他大部分時間都花在泛舟、游泳、在河岸閒逛。這些水上活動的結果是

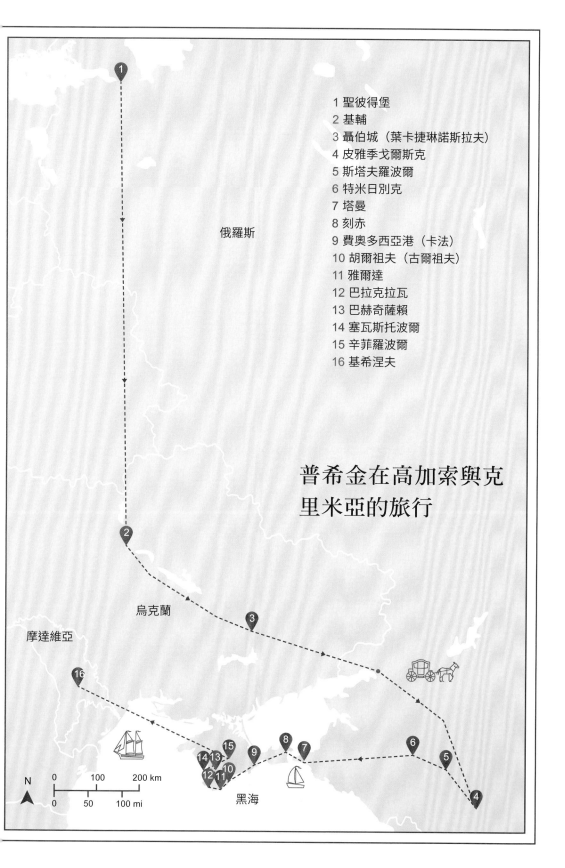

1 聖彼得堡
2 基輔
3 聶伯城（葉卡捷琳諾斯拉夫）
4 皮雅季戈爾斯克
5 斯塔夫羅波爾
6 特米日別克
7 塔曼
8 刻赤
9 費奧多西亞港（卡法）
10 胡爾祖夫（古爾祖夫）
11 雅爾達
12 巴拉克拉瓦
13 巴赫奇薩賴
14 塞瓦斯托波爾
15 辛菲羅波爾
16 基希涅夫

俄羅斯

普希金在高加索與克
里米亞的旅行

烏克蘭

摩達維亞

N

0   100   200 km
0   50   100 mi

黑海

他著涼發燒了；拉耶夫斯基一家在五月二十六日來到聶伯城，發現普希金渾身髒兮兮、沒刮鬍子，躺在租來的小屋裡發著燒。拉耶夫斯基將軍成功說服因佐夫，謂普希金應該與他們一家度假，以利其（精神與身體）健康，待八月裡因佐夫在基希涅夫安頓好了，普希金就返回繼續為總督效勞。

五月二十八日，他們乘坐兩輛大馬車以及一輛卡拉什（calash，帶摺疊頂篷的馬車）離開聶伯城，六月六日抵達皮亞季戈爾斯克。途中經過塔甘羅格灣（Taganrog Bay），他們在此下車欣賞了亞速海。

在皮亞季戈爾斯克，普希金認識了亞歷山大‧拉耶夫斯基。亞歷山大只比他年長四歲，迷人而善於操縱人心，也是崇拜拜倫的青年詩人，曾短暫地對普希金有著極大影響。但是由於亞歷山大表裡不一，他倆的友誼終於公開破裂。普希金在一八二四年寫了短詩〈惡魔〉（The Demon），以詩歌的形式對他進行幾乎毫不掩飾的人格暗殺。

在皮亞季戈爾斯克，普希金與同行的其他成年人遵守嚴格的洗浴及清潔規定，他們也經常步行前往這個地區的其他溫泉遊覽。普希金在寫給弟弟的信中稱，高加索的泉水對他幫助「極大，尤其熱的硫磺水」。就像當時其他地區一樣，皮亞季戈爾斯克的設施仍很簡陋。日後他回憶道，那些浴池「都是倉促搭建的棚屋。大部分泉水……噴湧而出，冒著熱氣，沿著山邊往四面八方流淌」。而且，要前往這些溫泉，往往得走上陡峭多巖的小徑，沿著灌木叢生、沒有圍欄的崖邊往上爬。九年後，普希金故地重遊，令他失望的是，當地已經幾乎完全失去野生風貌，溫泉雖然使用方便了，但在他看來太過規整美化。不過對普希金來說，高加索最令他著迷的是它的原始風光，以及那些迷人的部落，還有以穆斯林為主的住民，他們過著同樣未經雕飾的樸素生活。在這位年輕詩人的眼中，這片土地是別樣的，充滿異國情調，以傳記作者 T‧J‧賓揚（T.J. Binyon）的話說，「就像黎凡特……之於拜倫，美洲荒野之於菲尼莫爾‧庫珀（Fenimore Cooper）」。

普希金在高加索多次徒步或騎馬外出旅行，尋找韃靼山村，他最喜歡向當地村民打聽故事與傳說，愈離奇愈好。據說他在某個村子遇見一位老兵，老兵給他講了自己曾經被高加索土匪俘虜的故事；他以這個故事為基礎，創作了他最受喜愛的長詩之一，《高加索俘虜》（The Caucasian Prisoner）。

八月裡，普希金一行人離開高加索，前往克里米亞。這趟路程在經過斯塔夫羅波爾（Stavropol）之後，就要穿過一片據說有著潛在危險的土地，所以他們由六十名哥薩克人護送，還有一門已經預裝砲彈的大砲。他們從特米日別克（Temizhbek）走到黑海

左圖：烏克蘭，克里米亞的黑海海岸。

邊的塔曼（Taman），接著在可怕的風暴中航行九個小時，抵達刻赤（Kerch），這裡是古希臘殖民城市潘提卡彭（Panticapaeum），以國王米特里達梯（Mithridates）[36]在此自殺身亡聞名。普希金原本期盼看到米特里達梯墓的遺跡以及一些潘提卡彭的痕跡，但他大失所望，只發現「一堆石頭和粗鑿的岩塊，在鄰近山上的墓園裡……還有一些台階」，可能屬於「一座墳墓，或者一座塔基」。他摘了一朵花，想當作紀念品，但第二天卻「毫不猶豫」弄丟了。

接著他們從刻赤前往費奧多西亞港（Feodosiya，當時稱卡法〔Kefa〕）。在這裡，他們登上一艘由將軍自由使用的海軍雙桅船，沿著克里米亞南邊海岸，航向胡爾祖夫（Hurzuf，又稱古爾祖夫〔Gurzuf〕）。在這艘船上，普希金開始創作他的第一首克里米亞詩歌，一首浪漫的輓歌。他第一眼望見的胡爾祖夫，有著多彩山脈「耀眼閃爍」，韃靼小屋「猶如蜂巢」，白楊樹「彷彿綠色的列柱」，還有高大的阿尤達格山（Mount Ayu-Dag，克里米亞韃靼語，「熊山」），都將是他在詩文中反覆吟詠的畫面。

在胡爾祖夫，普希金在海裡游泳，大啖葡萄，參觀查士丁尼大帝在附近懸崖上建造的堡壘遺跡。但是他也和尼可萊一起沉浸在書中，那是在拉耶夫斯基一家租住的宅邸的圖書室，房東是著名的法國移民，藏書從伏爾泰到拜倫都有。普希金住在此地期間，讀得最用心的就是拜倫作品的法文散文體譯本。

無可置疑的是，拜倫詩歌的浪漫主義，以及克里米亞激動人心的風景，都是普希金迷戀上將軍的長女葉卡捷琳娜的部分原因。她二十二歲，引人注目，普希金試圖向她求愛，但是沒有被接受。咸認為普希金正是以她為原型，創造了歷史悲劇《鮑里斯‧戈東諾夫》（*Boris Godunov*）中野心勃勃的俄國女貴族瑪麗娜‧姆尼歇克（Marina Mniszech）。

在胡爾祖夫待了三個星期之後，普希金與尼可萊及將軍開始了離開前的最後一次遊覽。他們去了雅爾達及巴拉克拉瓦（Balaklava）。巴拉克拉瓦有一座聖喬治修道院，是希臘商人在費歐連特岬角（Cape Fiolent）開鑿的基督教堂，位於洞穴中，這座修道院及一處月神黛安娜神廟遺跡都給普希金留下長遠的印象。他們途經塞瓦斯托波爾（Sevastopol），最後抵達辛菲羅波爾（Simferopol），中間造訪了巴赫奇薩賴（Bakhchisaray），他們在此尋訪十六世紀克里米亞韃靼汗留下的頹圮宮殿，普希金還看見一座傾塌的噴泉，他將在長詩《巴赫奇薩賴的淚泉》（*The Fountain of Bakhchisaray*）中銘記這座噴泉。數天後，普希金啟程返回基希涅夫，但是這片南方的土地，以及他所稱的「南海的浪濤」，將在他的往後餘生裡，「以無法言說的魅力籠罩」他。

上圖：亞歷山大‧尼可萊耶維奇‧拉耶夫斯基的肖像畫，約一八二〇年。
左圖：《阿尤達格山》（*View of Mount Ayu-Dag*），尼卡諾爾‧切爾米措夫（Nikanor Chernetsov）繪，約一八三六年。

---

36 米特里達梯六世，前一二〇～前六三，是由希臘化波斯人建立的本都王國國王，與羅馬進行三次爭奪安納托利亞的戰爭，稱為米特里達梯戰爭。前六五年敗於龐培，自殺身亡。龐培將其葬於今土耳其北部的錫諾普（Sinop）或阿馬希亞（Amasya）。

J・K・羅琳
在曼徹斯特到倫敦的火車上
得到一車點子

　　失業的單身母親，手上有一本看似無法出版的兒童書籍，她如何躋身全世界最暢銷的作家之列？這件事本身幾乎就是一個童話故事。J・K・羅琳（J.K. Rowling，一九六五年出生）從奮鬥中的準作家，到成為著名的哈利・波特的創造者，姓名家喻戶曉，她白手起家的故事即使有魔法點金，那也是她艱辛不懈的成果。不過有一件很有趣的事：激發靈感的可能地點數不勝數，但是羅琳第一次想到創作小巫師卻是在火車上。而且還是一輛普通單調的火車，與冒著蒸汽、呼呼作響的霍格華茲特快車完全不一樣。

　　一九九○年，羅琳在倫敦，做的幾乎都是臨時的辦公室祕書工作，包括在一家出版公司寄退稿信給稿件不合格的作者。她不工作的時候（甚至在工作的時候，因為她利用辦公室空閒時間寫作），孜孜矻矻寫了幾本給成人讀者的小說。

　　她當時的男友住在英格蘭西北部的曼徹斯特，因此她經常在週末從尤斯頓車站搭火車去見他。這個安排對雙方都很不理想，男友想說服羅琳在曼徹斯特找到工作，搬到那裡和他一起住。最後她同意了，並且在曼徹斯特商會找到工作，接著是在曼徹斯特大學，但都是沒有成就感的祕書職位。而且在這之前，他倆還得找個地方住在一起。在此期間的某個找房週末尤其令人喪氣，穿著光鮮的房地產仲介帶他倆看了一大堆不適合的房子，身心俱疲的羅琳受夠了，直接去曼徹斯特皮卡迪利車站（Piccadilly Station），登上一班回倫敦的火車。在倫敦等著她的是分租公寓裡的一個房間，位於克拉珀姆交匯站區（Clapham Junction）一家運動用品店樓上，還有又一個週一清晨的開始，以及市中心辦公室裡的又一天。

　　更糟糕的是，這趟車通常要花兩個半小時，現在卻嚴重誤點，抵達尤斯頓車站已經是四個小時以後了。但後來事實證明，這次誤點是天賜良機。羅琳坐在一動不動的車廂裡，望著窗外幾頭吃草的母牛，腦中突然蹦出小男孩哈利・波特的模樣，綠眼睛，圓框眼鏡，鏡片裂了；他不請自來，卻幾乎已經完全成形。一瞬間她看見他上路去一所巫師寄宿學校，更多點子湧入腦海，她在自己的包包裡翻找一枝筆，要把這些記下來，卻驚恐地發現什麼也沒有，連眼線筆都沒有。日後她承認自己當時「太害羞，不敢向車上的人要筆」。不過後來她相信，當時沒有筆反而是最好的，因為這趟漫長旅程的剩餘時間就用來為這本書構思更多點子。火車跟跟蹌蹌重新起動，搖晃著駛過柴郡、士達福郡、北安普敦郡、白金漢郡、哈特福郡，而榮恩・衛斯理、海格、皮皮鬼與夥伴們、霍格華茲魔法與巫術學院也蹦跳著活了起來。直到回到克拉珀姆，羅琳才開始動筆，就像她自己說的，在這戶公寓裡，「疊上霍格華茲的第一塊磚」。

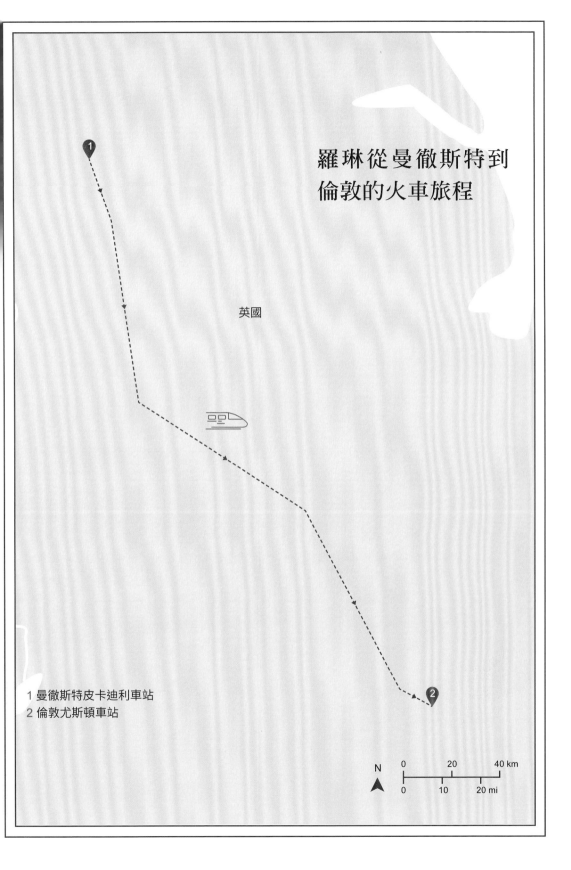

羅琳從曼徹斯特到
倫敦的火車旅程

英國

1 曼徹斯特皮卡迪利車站
2 倫敦尤斯頓車站

N

0   20   40 km

0   10   20 mi

　　然而五年之後，羅琳才完成《哈利波特與魔法石》（*Harry Potter and the Philosopher's Stone*），還要再過兩年，這本書才得以出版，放在書店裡發售。在這段時間裡，羅琳一直在寫作，她的投入與決心不但促使她完成初稿，並且在《哈利波特》系列大獲成功之後，她還繼續完成了整個系列，如果是毅力與筆力較弱的作家，在如此強大的壓力下就可能無法繼續寫出這樣的續集。

　　《哈利波特》書中還有一個廣受喜愛的元素，就是著名的國王十字車站的九又四分之三號月台（Platform 9¾ at Kings Cross Station），霍格華茲特快列車就是從這裡發車；這個點子也能追溯到她前往曼徹斯特的火車旅程。羅琳在二○○一年接受 BBC 訪談時說，其實她把國王十字車站與尤斯頓站搞混了。「寫九又四分之三號月台的時候，」她說，「我住在曼徹斯特，我把這些月台的描寫弄錯了，其實我想到的是尤斯頓。所以如果有人真去了國王十字車站的第九與第十號月台，就會發現與書中描寫的第九與第十號月台並不是很相似。好了，這就是我要坦白的，當時我在曼徹斯特，沒法實地核對。」

上圖：倫敦，國王十字車站的九又四分之三號月台。
左圖：英格蘭，客車穿越曼徹斯特附近的鄉野。

聖修伯里從巴黎到
西貢的未完成航線

安東尼・聖修伯里
墜入頭條

　　安東尼・聖修伯里（Antoine de Saint-Exupéry，一九〇〇～一九四四）是兒童經典《小王子》（The Little Prince）的作者，也是飛行先驅。對於《費加洛報》所謂的「L'aviation sportive」（運動飛行），以及法國飛行圈子更普遍的所謂「突襲」（raids），起初他的態度是懷疑。這種飛行需要耐力與冒險，而且分秒必爭，為的就是打破速度或者距離紀錄，但這些飛機往往不適合長時間飛行，甚至根本不適合飛行。聖修伯里一直認為這種飛行競賽毫無意義，而且他身為專職郵件運輸的商業飛行員，對於自己的飛行事業看重的是更崇高與誠摯的目標。但是到了一九三五年底，聖修伯里的財務情況糟糕，而且他與薩爾瓦多作家暨藝術家康蘇耶洛・蘇欣・桑多瓦爾（Consuelo Suncín de Sandoval）的婚姻也正在經歷又一場風暴；她那不羈的精神與火爆性情，加上他的出軌行為，再次加劇了情感與創作上的困難。所以，當他的友人暨飛行員尚・梅莫斯（Jean Mermoz）以及空軍高階軍官勒內・達維特將軍（General René Davet）建議他參加法國航空部的比賽，他毫不猶豫就答應了；這次比賽的目的是找出由巴黎飛往胡志明市（越南西貢，當時屬於法國治下的印度支那）的最快航線，優勝者獎金是十五萬法郎。但是對於這兩人的計畫，他的承諾並不怎麼熱情，而且比賽截止日是一九三五年十二月三十一日，已經迫在眉睫，情況從一開始就對他們很不利。

　　在一九二七年，首次成功飛越大西洋的查爾斯・林白在出發前為了應該攜帶哪些應急裝備，煩惱了好幾個月；一九三五年當時的巴黎至西貢紀錄保持者安德烈・賈皮（André Japy），行前也為了準備自己的西貢「突襲」做了一系列熱身飛行，飛往奧斯陸、阿爾及利亞西北部海岸的奧蘭（Oran）、突尼斯。而聖修伯里主要還在為了家中的情況分神。距離出發只有不到兩週的時間，這位身兼詩人與作家的飛行員幾乎完全把信任寄託在自己的戈德隆・西蒙座機上（Caudron Simoun），這架飛機的引擎為一百八十馬力，比賈皮的飛機強得多。他自信滿滿，甚至是漫不經心，預測自己可以將賈皮的九十八小時又五十二分鐘的紀錄縮短將近二十個小時。負責改裝飛機的是達維特及他領導的藍色航空（Air Bleu）機械師們，聖修伯里幾乎完全沒有參與。羅盤讀數及繪製路線圖的工作也同樣交給航空郵遞公司（Aéropostale）的同事，尚・路卡（Jean Lucas）。

　　聖修伯里這次飛行的同伴是他最忠誠的副手，安德烈・普雷沃特（André Prévot），他曾經是藍色航空一員，身兼機械師與導航員。他們的行動基地在聖傑曼德佩區的皇家橋飯店（Hôtel Pont Royal），據說聖修伯里在這裡花在與妻子吵架上頭的時間，就跟他讀圖及討論任務的時間一樣長。

　　官方的天氣預報是陰天，在蒙馬特一家小餐館吃完送行宴之後，聖修伯里諮詢的算命師也很悲觀，但是他與普雷沃特依然在一九三五年十二月二十九日，星期天早上七點零一分起飛，踏上征途。他倆出發是頭條新聞，對於林白等飛行員橫越大陸的故事，大眾的胃口有增無減。聖修伯里本人也與巴黎的《果敢報》（L'Intransigeant）簽訂獨家合約，提供這趟探險的系列報導。

　　他們在出發前做了許多重要決定，（就重量而言）影響最大的可能就是放棄無線電、選擇備用燃油。果不其然，十二月三十日清晨，聖修伯里就遇上了麻煩，他無法呼叫任何人來確認他的位置，也無法以無線電求救。盲飛了數分鐘之後，他相信自己已經飛過了尼羅河，於是開始下降，最後卻以時速二百七十三公里撞上埃及沙漠的沙丘。幸好他與普雷沃特從駕駛艙爬了出來，幾乎毫髮無傷。飛機也沒有爆炸，他們得以從飛機殘骸中取回少得可憐的口糧與補給。他們的處境，正如後來聖修伯里以法國貴族一貫輕描淡寫的口吻描述的：「算不上理想。」

右圖：埃及，錫瓦綠洲（Siwa Oasis），
大沙海（Great Sand Sea）的沙丘

　　他們墜毀的地點在開羅以西二百零一公里處，但是他們完全不知道這是什麼地方。聖修伯里的傳記作者史黛西‧席夫（Stacy Schiff）指出，只要他們能夠保持飛行，並且保持在航線上，就很可能打破賈皮的紀錄，因為他們墜機時已經比計畫提前了兩個小時。但這些都不重要。除夕過了，飛行競賽的期限也過了，兩人乾枯焦渴，完全不辨方向，跌跌撞撞翻越綿延的沙丘，希望能走到開羅。但是前方只有沙漠，什麼也沒遇到，於是他倆又回頭，而且幸好改變方向，往東北方走。第四天上午，他倆終於遇見一支貝都因人商隊，馬上被送到瓦地納特隆（Wadi Natrun）的拉庫先生與夫人（Mr. and Mrs Raccaud）那裡。

　　喝了幾杯茶與威士忌之後，兩位飛行員多少活了過來。拉庫先生提議開車送他們去開羅。但是後來事實證明這一程幾乎是場鬧劇，因為他們在距離大金字塔六公里處沒油了。拿到燃油後，他們在吉薩一家飯店的酒吧裡停留了一陣。此處距離開羅二十四公里，所以聖修伯里得以打電話給法國官員報平安。但是接電話的辦事員最初以為這是惡作劇，因為當時已過午夜，而且聖修伯里的電話裡傳來一群酒客的喧鬧聲。

下圖：安東尼‧聖修伯里的戈德隆‧西蒙座機，一九三五年十二月三十日在埃及沙漠中迫降之後的模樣。

右圖：法國，巴黎－勒布爾熱機場（Paris-Le Bourget airport），安德烈‧普雷沃特與聖修伯里在開始巴黎－西貢飛行之前留影。

到了開羅，拉庫把這一對衣衫襤褸、曬得黝黑的飛行員在大陸飯店門口放下，然後去停車。官氣十足的門童以為這兩人是乞丐，拒絕他倆進門。碰巧當時一個國際外科醫生會議正在開羅舉行，此時代表們正從外面吃完晚飯回來，聽見了這場騷動。用不了幾分鐘，聖修伯里與普雷沃特就被認了出來，他倆失蹤的消息從一月一日以來就一直佔據著報紙頭條。這兩人馬上被護送進飯店，受到豪華款待，不但洗了澡、被餵飽、被殷勤勸酒喝下更多威士忌，傷痕累累的身體也接受全世界最高明的醫生們檢查，以確定是否有任何永久性損傷。

一九三六年一月二日傍晚，聖修伯里打到巴黎皇家橋飯店的電話接通了，他說他們都活著，而且平安，飯店大廳瞬間爆出歡呼聲，慶祝持續到半夜，比起他倆倖存並平安歸來這件事，更具神蹟的是聖修伯里根據這趟磨難與獲救過程寫出的紀錄，動人而詩意。起初是給《果敢報》的六篇供稿，略加打磨之後，重現在《風沙星辰》（*Wind, Sand and Stars*），這本書至今依然被許多人視為他的最佳作品。

山繆・塞爾馮
航向母國

　　一九四八年六月二十二日，帝國疾風號（Empire Windrush）抵達英格蘭艾塞克斯郡的提爾布里碼頭（Tilbury Docks），這一天被視為戰後英國史上的關鍵時刻。這艘船的名字本身也成為大英國協整整一代移民的代稱，從一九五〇年代到一九六〇年代，英國鼓勵他們在不列顛群島定居，並招募他們填補國營機構的空缺，諸如國民保健署（NHS）以及倫敦公共運輸（London Transport）。這些新移民從小就被灌輸了英國是母國的思想，然而在抵達英國後，卻往往遭到冷落。在當時與之後，有些人受到了令人震驚的種族偏見，努力掙扎只為找到與其教育程度或能力相襯的體面住所或工作。

　　出生在千里達的山繆・塞爾馮（Samuel Selvon，一九二三～一九九四）正是其一，他從沐浴在陽光下的加勒比地區來到灰暗潮濕的英國首都。他很快就發現，對於來自前殖民地的新移民來說，大英帝國曾經活躍的心臟也可能是冷酷無情的地方。塞爾馮筆下的真實描寫，就來自他自己的經驗以及親身觀察。正如評論家蘇克戴夫・山度（Sukhdev Sandhu）所言：「這樣的移民，最生動的就是在塞繆爾・塞爾馮的作品裡。」自從《孤獨的倫敦人》在一九五六年出版（*The Lonely Londoners*，這是第一部出自加勒比作家之手、並完全以克里奧爾語的慣用語及說話方式寫成的小說），其後的二十年裡，塞爾馮以一連串傑出的長短篇小說描繪出英國新興黑人群體的艱辛勞苦。一九七五年，他還與導演霍拉斯・歐維（Horace Ove）合作，為最早的英屬西印度電影之一《壓力》（*Pressure*）寫了腳本。

　　一九二三年，塞爾馮出生在千里達南部聖費爾南多市（San Fernando）的莫里亞峰路（Mount Moriah Road），這是一座半農村的城市。一九四〇年，他應召入伍，成為不列顛皇家海軍後備役的無線電報務員。在一位喜愛閱讀的海軍同僚鼓勵下，他開始在漫長乏味的輪班期間利用空閒創作短篇小說。戰後他在西班牙港（Port of Spain）的《千里達衛報》（*Trinidad Guardian*）找到工作。一九四六至一九五〇年，他負責編輯姊妹報《週日衛報》（*Sunday Guardian*）的文學版。在這份工作期間，他認識了一大批頭角崢嶸的加勒比年輕作家，包括德瑞克・沃爾科特（Derek Walcott，一九九二年諾貝爾文學獎得主）、喬治・拉明（George Lamming）、V・S・奈波爾（V.S. Naipaul）。塞爾馮的短篇小說開始刊登在《畢姆》（*Bim*），這是西印度群島最重要的文學期刊，也開始在 BBC 電台的廣播節目中播出，這是當時主動尋求非白人作家的少數權威機構之一。

　　塞爾馮感到自己必須前往倫敦，實現自己的文學抱負，於是他訂了一張前往英格蘭的船票，時為一九五〇年三月中旬。當時他還不知道，拉明也將搭乘同一艘船，而且那年稍後奈波爾也將離開千里達，前往英國，以獎學金得主的身分入學牛津大學。

1 西班牙港
2 巴貝多
3 馬丁尼克
4 瓜地洛普
5 南安普敦
6 倫敦

北大西洋

千里達

前頁圖：馬丁尼克。

塞爾馮從千里達
到英國的航程

英國

N　0　300　600 km
　　0　200　400 mi

　　奈波爾的教育贊助方是英國文化協會（British Council），旅費也由該協會負擔，因此他的行程比較氣派：先搭泛美國際航空飛到紐約，再搭船航越大西洋，前往南安普敦，而且住的是單人頭等艙。不過他能拿到這個豪華艙位，完全是因為乘務長沒想到會有一位「有色人種」乘客。乘務長不敢詢問白人旅客是否願意與奈波爾同住一個艙房，於是乾脆把這位未來的諾貝爾文學獎得主升等到頭等艙，解決了這個難題。

　　相比之下，塞爾馮與拉明在一艘其實是法國的運兵船上待了將近一個月。這艘船極其原始，途經巴貝多、馬丁尼克、瓜地洛普，前往英國。只有最富裕的白人乘客才能住在船艙裡。塞爾馮與拉明以及其他西印度移民被分配在大統艙，裡面擺滿了成排的金屬上下鋪。他們的票價是五十英鎊——約等於現在的一千英鎊，但在那個時候還是比較划得來的。

　　當時塞爾馮已經完成他的第一部長篇小說《更燦爛的太陽》（A Brighter Sun）初稿，並且帶在身邊。他與拉明競相使用船上那部皇家牌打字機，在旅途中繼續寫作。他倆都發現同行乘客的談話很能啟發靈感，這些人主要是西印度群島青年，他們離鄉尋求更好的機會，也許另外還能賺點錢。

　　英國給他們的第一眼印象並不可喜。後來拉明回憶道，酷烈的大風阻擋了他們，完全無法眺望愈來愈近的風景。拉明還記得，船在南安普敦靠岸後，他倆才想起來自己沒有回程票。人們搭上前往倫敦滑鐵盧車站的火車，氣氛開始變得猶如嘉年華會，大家唱起卡利普索歌曲，輪流說滑稽故事，在英國已有經驗的旅客則向新來的西印度群島人介紹此地的情形。

　　當這些移民抵達倫敦終點站，才被真正的焦慮一把攫住，因為他們沒有安排好的住處。塞爾馮與拉明比較幸運，英國文化協會的官員把他們分配到巴爾莫勒爾飯店（Balmoral Hotel），在南肯辛頓的女王門花園一帶（Queen's Gate Gardens），這家旅館是廣受推薦的殖民地學生抵達後第一站。拉明回憶道，他們被塞進「一個成功出版商辦公室大小的房間」，除了他倆，還有一位剛從非洲來的學生。

　　倫敦是非凡的國際都會，是大熔爐，為塞爾馮磨礪了寫作功力。起初他發現僅靠寫作很難謀生，於是在貝斯沃特（Bayswater）一些地方當過清潔工、在印度高級專員公署（Indian High Commission）當過辦事員，在當時不受重視的倫敦西區輾轉於一戶又一戶破舊公寓，如今這一帶早已成為中產階級區了。所有這一切，都將被他寫進小說裡，為新生的多元文化不列顛，以及加勒比地區殖民主義的轉變，提供了不朽的寫照。

上圖：倫敦，西敏橋上的車流，一九四九年。
右圖：英格蘭，南安普敦碼頭上的一群西印度群島移民，一九五六年。

布拉姆・斯托克
在惠特比舂釘吸血鬼德古拉

　　作家們經常被問到他們的靈感從何而來。這是很多作家都害怕的問題，因為答案幾乎都不簡單。但是，關於以外西凡尼亞吸血鬼為主角的經典驚悚小說《德古拉》（Dracula），這個問題的答案應該是再好也不過了：觸發它的是令人惴惴不安的夢：一群咬人脖子的邪惡妖怪，一位陰森的年邁伯爵，一八九〇年三月十四日，布拉姆・斯托克（Bram Stoker，一八四七～一九一二）在筆記本裡匆匆寫下這幅景象，認為可以寫成故事。

　　斯托克是奧斯卡・王爾德的同代人，也是朋友。一八七八年，斯托克放棄在愛爾蘭的公務員事業，來到倫敦，成為著名演員亨利・歐文（Henry Irving）的「堅定、忠誠、全心奉獻的僕從」。一直以來，人們注意到斯托克與歐文在劇院的夜生活以及兩人之間的職業關係（自我中心的歐文暴躁、苛刻，斯托克是他的業務經理兼雜役，縱容他的一切），都類似於《德古拉》的兩位主角，即熱切的房地產經紀人喬納森・哈克（Jonathan Harker），以及具有催眠魔力的吸血鬼本人。

　　斯托克從一八八一年開始撰寫奇幻冒險故事；後來一位文學學者直言不諱評論道：「大部分都很糟糕。」但是在一八九〇年，他做了上述這個噩夢，於是開始醞釀一個吸血鬼故事。起初取名有點簡化，就叫萬派爾伯爵（Wampyr，近似vampire，「吸血鬼」）。那年七月，他在陪同歐文巡迴蘇格蘭演出結束後實在筋疲力盡，就去了北約克郡海岸的惠特比度假。這是風景如畫的漁村，已經成為比鄰近的斯卡布羅更寧靜的度假地點。這個村子坐落在埃斯克河（River Esk）東西兩岸的懸崖上，由一座可供船隻通過的平旋橋連接兩岸。

　　惠特比有莊嚴的半圓形樓面建築（斯托克住在維茲太太〔Mrs Veazey〕經營的旅館，位於皇家新月樓六號〔6 Royal Crescent〕）、古雅的漁村茅舍、一座漁港、沙灘，以及許多欣賞北海全景的地點。東崖上有一座十一世紀的哥德式修道院廢墟，俯瞰著這片地方，它的位置上原先有一座更古老的修道院，在八六七年毀於丹麥人之手。廢墟旁則是古老的聖瑪麗牧區教堂及墓園，斯托克時代的一本導遊手冊將其描述為「教會奇景」。手冊中還說，「其醜陋外觀應該不至於嚇退意欲參觀內部的遊客，內部更加醜陋，因此值得一看。」

　　《德古拉》中米娜・莫瑞（Mina Murray）的意見很可能呼應了斯托克自己的觀點，她說這處墓園「是惠特比最好看的地方，因為它就在鎮子的正上方……有步道穿越墓園，步道旁有凳子，人們走上來，在這裡坐一整天」。其中一張凳子，以及爬上東崖的一百九十九步台階，都將出現在這部小說的關鍵情節中。

　　據說斯托克在此度假期間，曾向經驗豐富的水手打聽沉船與航海迷信的故事，

他可能就是在這裡知道了迪米特里號
（Dmitry）的事，這是一艘俄國雙桅帆
船，於一八八五年在惠特比因風暴失事
擱淺。雖然他也很可能看過一張該船
傾斜在沙中的褐色銀鹽照片，由法蘭
克·米多·薩特克里弗（Frank Meadow
Sutcliffe）拍攝。這艘船將成為小說中的
得墨忒耳號（Demeter），載著德古拉和
他的一箱箱外西凡尼亞（Transylvania）
土壤從黑海到不列顛。但是這艘船在惠
特比被沖上岸的時候，全體船員只剩下
船長，他的屍首綁在船舵上。航海日誌
揭露了他們鬼氣森森的命運，這是斯托
克在書中的大量書信體設計之一（包括
日誌、書信、日記等等），用來講述故
事並增加懸疑氣氛。航海日誌的內容、
得墨忒耳號失事的消息，以及抵達英國
的德古拉化為一隻巨犬躍出船頭、跑進
教堂墓地之後消失的事，都是以米娜貼
在日記中的剪報形式轉述的。

　　以斯托克的標準來說，《德古拉》
的醞釀期特別長，花了六年時間才完成，
直到一八九七年才出版。部分內容是在
蘇格蘭庫登灣（Cruden Bay）寫成的，
斯托克與家人於一八九○年代在這裡度
過數次暑假。後來他的遺孀弗洛倫斯
（Florence）回憶道，正是在這「蘇格蘭
東海岸的孤獨之地」，斯托克「彷彿被
這本書的魂迷住了」，「像一隻大蝙蝠，
坐在海邊……構思」，一坐就是幾個小
時。

斯托克在惠特比
的落腳處

1 西崖
2 惠特比沙灘
3 維茲太太的旅館
4 惠特比博物館暨會員圖書館與熱水澡堂
5 聖瑪麗教堂
6 惠特比修道院
7 東崖

北海

修道院巷

埃斯克河

N

| 0 | 100 | 200 m |
| 0 | 300 | 600 ft |

前頁圖：英格蘭，惠特比。

　　斯托克始終沒有去過外西凡尼亞。但是惠特比激發他的想像，為小說最緊張的許多章節提供了背景資料，也為他的小說架構提供了幾個重要元素，比如書名、同時也是這位邪惡主角的名字。一八九〇年八月，正是在當地碼頭咖啡館巷底的「惠特比博物館暨會員圖書館與熱水澡堂」（Museum and Subscription Library and Warm Bathing Establishment），斯托克翻出一本《瓦拉幾亞公國與摩達維亞公國記述》（*Account of the Principalities of Wallachia and Moldavia*），作者是威廉‧威爾金森（William Wilkinson）。這本「已故英國駐布加勒斯特領事」的回憶錄出版於一八二〇年，記載的是他在現今羅馬尼亞的經歷，是關於喀爾巴阡山脈傳說與景觀資料的一座寶庫。該書對於當地的糟糕路況，也有很多意見。

　　斯托克把該書的大段內容直接塞進自己筆下這位躲避陽光的伯爵口中。最重要的是，在這本書中，斯托克讀到了十四世紀裡一位可怕的統治者，瓦拉幾亞的弗拉德三世（Vlad III of Wallachia，也稱為「穿刺者弗拉德」〔Vlad Tepes〕以及德古拉）。據威爾金森記載，德古拉這個名字「在瓦拉幾亞語中意為惡魔」，而且他認為這個名字「當作姓氏，用於稱呼那些或因勇敢、或因殘忍、或因狡獪而出名的人」。於是斯托克及時而明智地刪掉了筆記中為小說準備的「萬派爾」，代之以「德古拉伯爵」。

左圖：日落時的惠特比修道院與墓碑。
下圖：英格蘭，俄國雙桅帆船迪米特里號在惠特比擱淺，一八八五年。

西爾維亞・湯森・華納
在艾塞克斯的沼澤發現詩歌

　　義大利作家伊塔羅・卡爾維諾（Italo Calvino）認為，所有地圖都是對旅行的預想。對西爾維亞・湯森・華納（Sylvia Townsend Warner，一八九三～一九七八）來說，在一九二二年夏天購買的一張地圖，將帶來一趟改變人生的旅行。後來她寫道，由於某種「家庭需要」，她在七月的一天走進「懷特利的廉價區」。懷特利（Whiteley's）是一家倫敦百貨公司，距離她在貝斯沃特區女王路（Queen's Road，現在的 Queensway）的公寓不遠。這裡有一張桌子上經常展示打折書籍與文具，華納喜歡過來看看。這一天桌上有一些地圖，結果她買了一張，是巴托羅繆出版社（Bartholomew）的英國艾塞克斯郡地圖。她從來沒去過這個地方，但是地圖上一片片綠色與藍色代表著它的沼澤與溪流，迷住了她。還有她在地圖上看見的那些奇特的地名，她的指尖描繪著這些名稱，聽在耳中渺茫難明的村落與山莊，那神祕的詩意令她欣喜，諸如老尖叫（Old Shrill）、高復活節（High Easter）、威靈蓋爾西班牙（Willingale Spain）、河曲鮑爾斯（Shellow Bowells）。

　　那一年八月的國定假日週末（bank holiday），華納決定去看看艾塞克斯。她在芬喬奇街車站（Fenchurch Street Station）搭上一列火車，車上滿是前往濱海紹森德（Southend-on-Sea）的度假旅客，那裡是倫敦勞工階級的傳統目的地，他們在當地泰晤士河口享受陽光與清新空氣，開心娛樂。不過華納一直到了終點站舒伯里內斯（Shoeburyness），再搭上前往大威克靈（Great Wakering）的巴士。不巧的是，她把地圖忘在家裡了。但是她記得「大威克靈的位置在綠色部分，有藍色溪流」，於是抵達當地之後，她走到沼澤地，發現一條小溪，遠處是綠色的低矮岸邊。陸地與水澤的界線，柔軟與堅實之間的界線，都是模糊的，她沉迷於這一片景色。她回憶道：

> 「我在那裡站了很久，看著緩緩推進的水流，一匹白色的老馬在更遠的岸邊吃草。我順著小溪走，傻傻的以為能找到路去對岸。小溪往兩邊環繞，我才明白過來，前方低矮的綠色岸邊是水中一座小島。我再次驚嘆不已，在那裡又站了很長時間，讓自己的思緒隨潮水漂流。」

　　此時華納已經真的迷路了，她被一陣雷雨困住，擔心遭到雷擊。幸好在附近牛棚避雨的農夫救了她。他把華納帶回家，交給妻子，她給華納幾件乾衣服換上，還有幾杯濃茶，最後餵了她一頓豐盛的晚餐，又讓她穿上一件女兒的羊毛燈籠褲，才讓她上路，這樣她就不會著涼而死了。

華納造訪艾塞克斯

黑水河口

蹲踞河

北海

1 斯坦斯蓋特
2 德林沃特聖勞倫斯
3 南敏斯特村
4 大威克靈
5 舒伯里內斯

N

0   2   4 km

0   1   2 mi

這次經歷把華納迷住了。她決心儘快回到艾塞克斯，住在客棧裡，就可以有更長的時間去探索沼澤低地與河口鹽灘。這次她從利物浦街車站出發，到南敏斯特村（Southminster），目標是沿著她那張地圖上的一條小徑，走到黑水河口（Blackwater Estuary）的斯坦斯蓋特（Stansgate）。這次她又被神祕的景色迷住了。黑水的沼澤是「顏色深沉，點綴著樹木，榆樹成片，柳樹星散」。她在伸進河口的小堤岸附近坐下，驚訝地看到「一艘小船的帆，在幾棵樹後面移動，似乎正在穿越陸地」。此時她查看地圖，卻發現事與願違，這附近沒有客棧。華納後來回想起來，宣稱自己是「蒙神誤導，誤打誤撞」，因為有個小男孩建議她去問問梅太太能不能收留她過夜，順著小路走，梅太太的農舍就在半哩外的德林沃特聖勞倫斯村（Drinkwater St Lawrence）。

結果梅太太十分樂意收容這位陌生人，而且她倆一見如故。華納住的是單間臥室，裡面有一座白瓷大洗臉台，散發著「月輝般的微光」。第二天一早醒來，她馬上衝到窗邊，往外眺望艾塞克斯的沼澤。她驚喜地發現，一團籠罩一切的雨霧就在她眼前融化了，顯露出農莊的房子、花園與果園。她下樓見到梅太太，就請求允許再住一晚。

現在她可以在沼澤地待上一整天，晚上還有親切的梅家陪伴，不禁十分振奮，於是她出門了，帶著自己最信任的地圖，以及一卷法語詩歌，弗朗索瓦・維永（François Villon）的《大遺言集》

左圖：英格蘭，艾賽克斯，黑水河口，遠方是歐希亞島（Osea Island）岸邊。

（*Testament*）。到了黑水河，她在河口一片草地上坐下來。她安頓好，開始看書，偶爾抬頭看看四周，感受到了頓悟。後來她描述道：「我知道了那種神祕的感受：身處我想去的地方，嵌入宇宙，激情地靜止不動。」

　　最後華納在艾塞克斯沼澤地的梅家住了一個月。在此期間，她深深汲飲這片土地的每一樣事物，當地景致與居民都令她著迷，包括「與眾不同的子民」」（Peculiar People）教派，這是艾塞克斯獨有的小型清教徒教派。她還「發現寫詩是可能的」。之前華納涉足劇本與短篇小說，她的第一篇發表作品是一篇長文，題為《火線後方》（*Behind the Firing Line*），講述她在埃里斯（Erith）的維克斯（Vickers）軍火工廠工作的經歷，刊登在一九一六年二月的《布萊克伍茲雜誌》（*Blackwood's Magazine*）。但是使她成為詩人的是艾塞克斯的沼澤地，解鎖了她身為作家的天分。

　　那年晚些時候，她與大衛・「小兔子」・加內特（David 'Bunny' Garnett）[37]又去了黑水河一天。加內特曾以小說《女人變狐狸》（*Lady into Fox*）獲得一九二二年的詹姆士・泰特・布萊克紀念獎（James Tait Black Memorial Prize），是布魯姆茨伯里派（Bloomsbury Group）的領軍人物。他與合夥人經營比雷爾與加內特書店（Birrell & Garnett Bookshop），就在大英博物館轉角不遠的塔維同街十九號（Taviton Street）。當時他與華納結識不久，但是第一次見面的時候，華納就熱切描述艾塞克斯沼澤地的美，所以加內特提議在下一個週日一起前往但吉三角洲（Dengie Peninsula）。一開始加內特覺得，在灰暗寒冷的冬日裡，「在廣闊的天空下，穿越灰色的原野，走向看不見的灰色地平線」，這樣的跋涉不如華納本人那麼令人感到有趣。但他漸漸發現她是對的，「灰色的沼澤地有種憂鬱陰森之美，只屬於這裡」。

　　返回倫敦的火車又慢又冷，華納從頭到腳濺滿了泥漿，累得說不出話，但是她把自己的幾首詩給加內特看了。加內特馬上看出這是傑出的詩歌，他保證會把這些詩都送到查托與溫德斯出版社（Chatto and Windus）的編輯查爾斯・普倫蒂斯（Charles Prentice）手中。普倫蒂斯不但要求看了更多詩歌，並且即刻將其出版，還問華納是否有短篇或長篇小說。於是她拿出《洛莉・威洛斯》（LollyWillowes）的草稿，這部令人目眩神迷的小說寫的是一位老姑婆走向（真實的）魔鬼的故事，在一九二六年甫出版就引起轟動，至今仍是她最受人喜愛的作品。華納的第二部小說《真心》（*True Heart*）重新演繹邱比特與賽姬的故事，正是在這本書中，她利用自己漫遊過的艾塞克斯的地貌，產生強烈的效果。華納虛構的新復活節村（New Easter），根據的就是一開始那張巴托羅繆地圖上，吸引她的奇妙土地。

上圖：大衛・加內特。
右圖：英格蘭，黑水河與艾塞克斯的沼澤。

---

37 一八九二～一九八一。小時候有一件兔子毛皮做成的斗篷，因此有了這個綽號。

沃斯通克拉夫特在
瑞典、挪威、丹麥
的旅程

1 赫爾
2 哥特堡
3 克維斯特倫
4 斯特倫斯塔德
5 拉爾維克
6 通斯堡
7 奧斯陸
8 腓特烈斯塔
9 特羅爾海坦里瑟
10 漢堡
11 多佛

挪威

瑞典

丹麥

北海

英國

德國

N

0   50   100 km
0   25   50 mi

瑪麗‧沃斯通克拉夫特
在斯堪地那維亞撫平破碎的心

　　一七九五年六月下旬，瑪麗‧沃斯通克拉夫特（Mary Wollstonecraf，一七五九～一七九七）從英格蘭的赫爾（Hull）出發，前往瑞典哥特堡（Gothenburg）。就在一個月之前，她曾試圖自殺。沃斯通克拉夫特是一位無畏的作家，著有激進女性主義文本《為女權辯護》（*A Vindication of the Rights of Woman*），但是她與美國投機商人吉爾伯特‧伊姆雷（Gilbert Imlay）的不幸戀情逼得她要結束自己的生命。此時她決定代表伊姆雷前往斯堪地那維亞，去解決涉及一艘失蹤船隻與一批危險白銀的財務問題，這是因為（至少是她以為）這件事決定了他倆是否復合。對伊姆雷來說，除了錢的緣故，如此安排還有一個更殘酷的優點，那就是讓這位麻煩的作家暫時離開身邊。也許他（錯誤地）認為，在冰冷的北方待上一段時間也可以冷卻她的熱情。

　　沃斯通克拉夫特身為女性，又帶著一歲幼兒與法國褓母同行，實在不像是派往北歐國家談生意的使者。雖然今日的瑞典、挪威與丹麥在性別平等上的紀錄傲人，但是兩百年前的情況就不那麼美好了。沃斯通克拉夫特說，瑞典婦女對於她想獨自外出散步感到震驚且困惑；她也說自己在瑞典的第一位東道主溫和地訓斥她，因為她問了「男人的問題」。

　　沃斯通克拉夫特出生在斯皮特爾菲爾茲（Spitalfields），當時這是倫敦市區東邊的富庶郊區，許多法國的雨格諾派（Huguenot）新教徒移民在此定居，從事絲綢業。沃斯通克拉夫特的祖父曾是織工，後來做絲綢生意發了家，在她出生時，這一家過著舒適的生活。不幸的是，她的父親愛德華是個喜怒無常的酒鬼，夢想成為鄉紳，揮霍了家中產業。在一連串猶如災難的舉措中，他們在艾塞克斯郡的巴京（Barking），以及約克郡東瑞丁（East Riding of Yorkshire）的貝弗利（Beverley）城外的一個村莊裡，連續換了幾次住所。首先愛德華把一家人搬到艾塞克斯的艾坪森林（Epping Forest），過過鄉紳的癮。在貝弗利上學的時候，沃斯通克拉夫領受了一場性別不平等的啟蒙課：她的兄弟在當地男子文法學校享受的課程是拉丁文、歷史、數學，而她與姊姊在鄰近的女子學校只能學到簡單的算術和針線活。

　　一七八三年，沃斯通克拉夫特與友人范妮‧布拉德（Fanny Blood）創辦了一所思想先進的女子日間學校，位於倫敦的紐英頓綠地（Newington Green），這裡還有一所一位論派（Unitarianism）[38]的小教堂，沃斯通克拉夫特及其他宗教異見者在這裡做禮拜，並在此舉行集會，呼籲政治改革及廢除奴隸制。兩年後，她的第一部作品問世。這是一

本一百六十二頁的冊子，主題是婦女與教育學，名為《女教論》（*Thoughts on the Education of Daughters*）。這本冊子受到好評，出版商約瑟夫・詹森（Joseph Johnson）同意分批為她提供書評及翻譯工作，並出版了她接下來的所有著作，於是她能夠停止教書、完全以寫作謀生，這在那個時代的女性當中是很少見的。

沃斯通克拉夫特與她的出版商都不願意浪費寫作材料，所以她的北歐之行又產出了一本新書，《瑞典、挪威和丹麥書簡》（*Letters Written During a Short Residence in Sweden, Norway, and Denmark*）。這本書出版於一七九六年，是她在世時出版的最後一本書，也是她的職業生涯中最受好評與最暢銷的一本書。這本書中共有二十五封信，寫給孩子的匿名父親，以她寄給伊姆雷的私人信件為基礎，非常真實，略帶感情色彩，偶爾煩躁，都是在旅途中寫成，包括從瑞典北上挪威、再南下丹麥以及德國漢堡，最後從漢堡搭船回英格蘭。

下圖：挪威，東阿格德爾郡（Aust-Agder），里瑟爾鎮（Risør）附近的峽灣。

　　在哥特堡的時候，沃斯通克拉夫特把女兒留給褓母照顧幾個星期，獨自前往瑞典的拉爾維克（Larvik；Laurvik）、克維斯特倫（Kviström；Kvistrum）、斯特倫斯塔德（Strömstad），然後進入挪威，前往奧斯陸（當時稱克利斯蒂安尼亞 Kristiania）。在奧斯陸，她盛讚當時丹麥王國治下公民享有的自由。她在挪威通斯堡（Tønsberg）期間可能是最快樂的，她於七月底在當地住了一段時間，享受散步、騎馬、在海中游泳的樂趣，並且開始為自己的出版商寫作。她在這裡從事文學創作也是進一步擺脫伊姆雷的方式，新鮮空氣與壯麗風景更是她治癒身心的良藥。

　　《瑞典、挪威和丹麥書簡》以第一人稱描寫一名被愛人拋棄的旅人，孤獨、憂鬱，在遙遠荒涼的地方長途旅行，這本書為羅曼蒂克的漫遊提供了一個完整的模式藍圖。她對於那片崎嶇多巖的土地的詩意描寫，經常反映出自身的情緒狀態，但書中也充滿了她遇見的瑞典人、挪威人與丹麥人在法律及風俗方面的社會學細節。

　　據說，沃斯通克拉夫特筆下的挪威腓特烈斯塔（Fredrikstad）以及瑞典特羅爾海坦（Trollhättan）的瀑布，都是山繆‧泰勒‧柯勒律治（Samuel Taylor Coleridge）[39]的部分靈感來源，啟發他在詩中描寫上都（Xanadu）的那條神祕河流。而沃斯通克拉夫特的女兒瑪麗‧雪萊（Mary Shelley）決定在自己的小說中把製造怪物的維多‧弗蘭肯斯坦（Victor Frankenstein）送到北方冰凍的荒原上，也同樣被認為是借鑑了她母親對於這些冰天雪地的描述。

　　沃斯通克拉夫特最後擺脫伊姆雷，與社會哲學家暨政治思想家威廉‧戈德溫（William Godwin）建立了互相成就的夥伴關係，卻在生下瑪麗‧雪萊十天之後就去世了，這是一樁極大的悲劇。不過，戈德溫在談及她的最後一本書的時候，說出了許多崇拜者的心聲：「也許在其他情況下，都沒有一本遊記能夠如此抓住讀者的心，不容抗拒。」

上圖：奧斯陸（當時稱克利斯蒂安尼亞），版畫，約一八○○年。
下圖：瑞典，哥特堡，版畫，約一八○○年。

---

39 一七七二～一八三四。英國詩人、文學評論家、哲學家。《忽必烈汗》（Kubla Khan，一七九七）開頭描寫元上都（即開平，位於今內蒙古自治區錫林郭勒盟）及當地一條河流。

維吉尼亞・吳爾芙
在無法索解的希臘

　　維吉尼亞・吳爾芙（Virginia Woolf，一八八二～一九四一）在一九三九年發表的文章《往事素描》（*A Sketch of the Past*）中提到，她是從兄長索比・「哥德人」・史蒂芬（Thoby 'Goth' Stephen）那裡「第一次聽說希臘人」，他從預科學校第一次回到希林頓家中的時候，給她講了赫克托爾與特洛伊的故事。一八九七年，吳爾芙在倫敦國王學院女子分部師從喬治・瓦爾德（George Ward）學習古希臘語。到了一九〇二年，她已經由古典學者珍妮特・凱絲（Janet Case）私人授課，吳爾芙以她的教導為基礎，寫出以古希臘語為主題的論文《關於不懂希臘語》（*On Not Knowing Greek*）。

　　一九〇六年九月，吳爾芙首次前往希臘旅行，同行的是她的姊姊凡妮莎（Vanessa），以及一位年長的家族密友維奧萊特・狄金森（Violet Dickinson）。索比與年紀最小的弟弟阿德瑞安（Adrian）已經先出發了，與她們約好在奧林匹亞（Olympia）會合。為了準備這趟旅行，吳爾芙翻遍了地圖與導遊書，試圖弄清楚自己學習與想像的那個古典國度，與鄂圖曼統治數百年之後的現代希臘在地理上的關係。

　　維吉尼亞、凡妮莎及維奧萊特首先搭火車，穿過義大利，到達布林迪西（Brindisi）。從這裡搭船前往希臘的帕特雷（Patras），然後搭上一列極為緩慢的火車前往奧林匹亞。在這個地方，一座火車站，居然可以與古希臘的普拉克西特列斯的荷米斯雕像（Hermes of Praxiteles）並存於一個空間，這讓吳爾芙感到頭暈目眩。

　　正如傳記作者赫敏・李（Hermione Lee）明確指出的，吳爾芙對當代希臘世界的主要感受是不知所措。在奧林匹亞之後，他們到了科林斯，旅館房間有臭蟲，還有當地的乞丐，都讓她產生負面觀感。李指出，雅典的現代部分，以及「不懂古希臘語」的現代雅典人，都被吳爾芙認定為「不雅典」。在其他地方及她的日記中，她認為現代希臘「如此簡陋、脆弱」，「與古希臘最粗糙的殘片相比之下……完全不堪一擊」。

　　但是雅典那些比較莊嚴的街區，有著狹窄的老街，讓她想到康瓦爾郡的聖艾夫斯（St Ives），她在那裡度過了大部分童年時光。她曾在信中寫道，自己渴望跨越整個歐洲，前去登上雅典衛城，而衛城果然也沒有令她失望。她在一九二二年的小說《雅各的房間》（*Jacob's Room*）有一部分以希臘為背景，她在小說中回憶了衛城的景色：「日落時分，站在帕德嫩神廟裡，一邊是伊米托斯山（Hymettus）、彭特立庫斯山（Pentelicus）、呂卡維多斯山（Lycabettus），另一邊是海，天空披散著粉紅色的羽毛，平原是各種顏色，大理石看上去是黃褐色，因此這幅景象有著壓迫的力量。」

　　這趟希臘之行的幾次事件，包括騎騾子探險登上彭特立庫斯山，都被她寫進第一部長篇小說《出航》（*The Voyage Out*），出版於一九一五年，不過這本書表面上講的是一群英國旅客搭船前往南美洲的故事。

吳爾芙的歷史之旅還包括埃萊夫西納（Eleusis）[40]、納夫普里翁的堡壘（Nafplion，即納烏普里亞〔Nauplia〕）[41]、埃皮達魯斯（Epidaurus）[42]的圓型劇場、邁錫尼的大墓，以及梯林斯的「荷馬筆下的宮殿」，她認為此處「就像英國城堡，只不過是史前的」；在尤比亞島（Euboea）的艾哈邁德將軍莊園（Achmetaga）[43]，她觀察考古學家挖掘遺址。他們從尤比亞島搭船穿過達達尼爾海峽，抵達伊斯坦堡（當時稱君士坦丁堡），並且在聖索菲亞[44]參觀了做昏禮的人們。

在希臘的大部分時間裡，凡妮莎都在生病，她在航行途中得了闌尾炎，所以幾乎都待在雅典的旅館房間裡，由維奧萊特照看，而維吉尼亞則與其他人繼續去了更遠的地方。十月十四日，索比啟程返回倫敦。儘管凡妮莎健康情形不佳，他們還是選擇了更悠閒的方式回國。他們搭乘東方快車從伊斯坦堡前往比利時奧斯坦德（Ostend），從這裡搭渡輪去英格蘭多佛，於一九○六年十一月一日上岸。

但是他們回到倫敦後，發現索比正在發燒、腹瀉，病情十分嚴重。家庭醫生起初診斷為瘧疾，但病情繼續惡化，最後才確定他是得了傷寒。起初預後良好，但是十一月十七日的一次手術之後，情況愈來愈糟，三天之後，他便去世了，年僅二十六歲。

1 帕特雷
2 奧林匹亞
3 邁錫尼
4 梯林斯雅典
5 納夫普里翁（納烏普里亞）
6 科林斯
7 埃皮達魯斯
8 埃萊夫西納
9 雅典
10 艾哈邁德將軍莊園
11 尤比亞島

希臘

吳爾芙在希臘的旅程

前頁圖：雅典的衛城。

---

40 得墨忒耳的厄琉息斯祕儀的中心。
41 自前古典時期開始陸續有防禦工事。希臘獨立戰爭期間是鄂圖曼軍隊的據點，一八二九年成為獨立希臘的第一個首都。
42 醫神阿斯克勒庇俄斯的出生地，此地有他的神廟。
43 從一八三二年起為英國 Noel-Baker 家族擁有，現名為 Candili（Kandili）。
44 一四五三至一九三五年為清真寺。

地中海

N

0		20		40 km
0	10		20 mi	

索比曾經號召志同道合的朋友，每週四在史蒂芬一家的倫敦宅邸中聚會。這個聚集了作家與藝術家的團體即「布魯姆茨伯里派」，索比理所當然就是它的鼻祖。吳爾芙將繼續在作品中緬懷自己的兄長，以及他們在希臘共度的時光。尤其是《雅各的房間》，這是獻給索比的輓歌，書中主角雅各與索比有著許多相同的境遇與特點。

左圖：埃皮達魯斯的圓形劇場，水彩，約一九〇六年。
下圖：索比‧史蒂芬，約一九〇二年。

參考書目

This book owes an enormous debt to numerous other books and articles. This select bibliography will, hopefully, give credit where credit is due and point those who want to know more in the right directions.

漢斯‧克里斯汀‧安徒生
Hans Christian Andersen

Andersen, Jens, *Hans Christian Andersen: A New Life*, trans. Tina Nunnally (Duckworth, 2006).

Binding, Paul, *Hans Christian Andersen: European Witness* (Yale University Press, 2014).

Godden, Rumer, Hans Christian Andersen (Hutchinson, 1955).

馬雅‧安哲羅
Maya Angelou

Angelou, Maya, *All God's Children Need Traveling Shoes* (Random House, 1986).

Lubabu, Tshitenge, 'Maya Angelou's Meeting with Africa', *The Africa Report,* 16 December 2011, https://www.theafricareport.com/7921/mayaangelous-meeting-with-africa/.

W‧H‧奧登、克里斯多福‧伊舍伍德
W.H. Auden and Christopher Isherwood

Auden, W.H. and Christopher Isherwood, *The Ascent of F6,* (Faber, 1936).

Auden, W.H. and Christopher Isherwood, *Journey to a War,* (Faber, 1939).

Carpenter, Humphrey, *W.H. Auden: A Biography* (Allen & Unwin, 1981).

Fryer, Jonathan, Isherwood: *A Biography of Christopher Isherwood* (New English Library, 1977).

Isherwood, Christopher, *Christopher and His Kind,* 1929–1939 (Methuen, 1985).

Parker, Peter, *Isherwood: A Life* (Picador, 2004).

珍‧奧斯汀
Jane Austen

Austen, Jane, Sanditon, ed. Kathryn Sutherland (Oxford University Press, 2019).

Cecil, David, A Portrait of Jane Austen (Penguin, 2000).

Edwards, Antony, Jane Austen's Worthing: The Real Sanditon (Amberley, 2013).

Elborough, Travis, Wish You Were Here: England on Sea (Sceptre, 2010).

Noakes, David, Jane Austen: A Life (Fourth Estate, 1997).

Tomalin, Claire, Jane Austen: A Life (Viking, 1997).

詹姆士‧鮑德溫
James Baldwin

Campbell, James, Talking at the Gates: *A Life of James Baldwin* (Faber, 1991).

Leeming, David Adams, James Baldwin: *A Biography,* (Michael Joseph, 1994).

Miller, D. Quentin, ed., *James Baldwin in Context* (Cambridge University Press, 2019).

Washington, Ellery, 'James Baldwin's Paris *The New York Times,* 17 January 2017, https://www.nytimes.com/2014/01/19/travel/james-baldwins-paris.html.

松尾芭蕉
Bashō

Barnhill, David Landis, Basho's Journey: *The Literary Prose of Matsuo Basho* (State University of New York Press, 2005).

Bashō , Matsuo, Basho's Narrow Road: *Spring & Autumn Passage,* trans. Hiroaki Sato (Stone Bridge, 1996).

Bashō, Matsuo, *The Narrow Road to the Deep North and Other Travel Sketches, trans.* Nobuyuki Yuasa (Penguin, 2005).

Downer, Lesley, *On the Narrow Road to the Deep North: Journey Into a Lost Japan* (Jonathan Cape, 1989).

夏爾‧皮耶‧波特萊爾

Charles Baudelaire

Hemmings, F.W.J., *Baudelaire The Damned: A Biography* (Hamish Hamilton, 1982).

Hyslop, Lois Boe, Baudelaire, *Man of His Time* (Yale University Press, 1980).

Morgan, Edwin, *Flower of Evil: A Life of Charles Baudelaire* (Sheed & Ward, 1944).

伊莉莎白‧畢曉普

Elizabeth Bishop

Bishop, Elizabeth, Brazil (*The Sunday Times,* World Library, 1963).

Bishop, Elizabeth, *The Complete Poems* (Chatto & Windus, 1970).

Goldensohn, Lorrie, *Elizabeth Bishop: The Biography of a Poetry* (Columbia University Press, 1992).

Marshall, Megan, *Elizabeth Bishop: A Miracle for Breakfast* (Houghton Mifflin Harcourt, 2017).

Miller, Brett, Elizabeth Bishop: *Life and the Memory of It* (University of California Press, 1993).

Travisano, Thomas, *Love Unknown: The Life and Worlds of Elizabeth Bishop* (Viking, 2019).

海因里希‧伯爾

Heinrich Böll

Böll, Heinrich, *Irish Journal* (Secker & Warburg, 1983).

Holfter, Gisela, Heinrich *Böll and Ireland* (Cambridge Scholars Publishing, 2011).

O'Toole, Fintan, 'We Must All Learn the Art of Political Dentistry', *The Irish Times,* 20 April 2019.

Reid, J.H., Heinrich Böll: *A German for His Time* (Oswald Wolff, 1988).

路易斯‧卡羅

Lewis Carroll

Amor, Anne Clark, *Lewis Carroll: A Biography* (Dent, 1979).

Bakewell, Michael, Lewis Carroll: *A Biography* (Heinemann, 1996).

Carroll, Lewis, *The Russian Journal, and Other Selections from the Works of Lewis Carroll*, ed. John Francis McDermott (E.P. Dutton & Co, 1935).

Cohen, Morton N., *Lewis Carroll : A Biography* (Macmillan, 1995).

阿嘉莎‧克莉絲蒂

Agatha Christie

Burton, Anthony, *The Orient Express: The History of the Orient-Express Service from 1883 to 1950* (Chartwell Books, 2001).

Christie, Agatha, *An Autobiography* (Collins, 1977).

Christie, Agatha, *Murder on the Orient Express* (HarperCollins, 2006).

Martin, Andrew, *Night Trains: The Rise and Fall of the Sleeper* (Profile, 2008).

Morgan, Janet, *Agatha Christie: A Biography* (Collins, 1984).

威爾基‧柯林斯、查爾斯‧狄更斯

Wilkie Collins and Charles Dickens

Collins, Wilkie and Charles Dickens, *The Lazy Tour of Two Idle Apprentices. No Thoroughfare. The Perils of Certain English Prisoners* (Chapman & Hall, 1890).

Lycett, Andrew, Wilkie Collins: *A Life of Sensation* (Hutchinson, 2013).

Nayder, Lillian, *Unequal Partners: Charles Dickens, Wilkie Collins, and Victorian Authorship* (Cornell University Press, 2002).

Tomalin, Claire, Charles Dickens: *A Life* (Viking, 2011).

Wilson, A.N., *The Mystery of Charles Dickens* (Atlantic Books, 2020).

約瑟夫‧康拉德

Joseph Conrad

Batchelor, John, *The Life of Joseph Conrad: A Critical Biography* (Blackwell, 1994).

Conrad, Joseph, *Heart of Darkness and Other Tales* (Oxford University Press, 2002).

Conrad, Joseph, *Last Essays* (Cambridge University Press, 2010).

Meyers, Jeffrey, *Joseph Conrad: A Biography* (John Murray, 1991).

伊薩克‧迪尼森

Isak Dinesen

Dinesen, Isak, *Letters from Africa, 1914–1931* (Weidenfeld and Nicolson, 1981).

Dinesen, Isak, *Out of Africa* (Random House, 1938).

Hannah, Donald, *Isak Dinesen and Karen Blixen: The Mask and The Reality* (Putnam & Company, 1971).

Thurman, Judith, *Isak Dinesen: The Life of Karen Blixen* (Weidenfeld and Nicolson, 1982).

亞瑟‧柯南‧道爾

Sir Arthur Conan Doyle

Booth, Martin, *The Doctor, the Detective and Arthur Conan Doyle: A Biography of Arthur Conan Doyle* (Coronet, 1998).

Brown, Ivor John Carnegie, *Conan Doyle: A biography of the Creator of Sherlock Holmes* (Hamilton, 1972).

Doyle, Arthur Conan, *Memories and Adventures* (Hodder and Stoughton, 1924).

Doyle, Arthur Conan, *The Penguin Complete Sherlock Holmes* (Penguin Books, 2009).

Rennison, Nick, *Sherlock Holmes: The Unauthorized Biography* (Atlantic, 2005).

Ring, Jim, *How the English Made the Alps* (John Murray, 2000).

Sims, Michael, *Arthur & Sherlock: Conan Doyle and the Creation of Holmes* (Bloomsbury, 2017).

F‧史考特‧費茲傑羅

F. Scott Fitzgerald

Brown, David S., *Paradise Lost: A Life of F. Scott Fitzgerald* (The Belknap Press of Harvard University Press, 2017).

Churchwell, Sarah, *Careless People: Murder, Mayhem and The Invention of The Great Gatsby* (Virago, 2013).

Elborough, Travis, *Wish You Were Here: England on Sea* (Sceptre, 2010).

Fitzgerald, F. Scott, *The Bodley Head Scott Fitzgerald, vol. ii: Autobiographical Pieces, Letters to Frances Scott Fitzgerald, Tender is the Night and Short Stories* (The Bodley Head, 1959).

Grand, Xavier, *The French Riviera in the 1920s* (Assouline Publishing, 2014).

Meyer, Jeffrey, *Scott Fitzgerald: A Biography* (Macmillan, 1994).

Vaill, Amanda, *Everybody Was So Young: Gerald and Sara Murphy, a Lost Generation Love Story* (Little, Brown, 1998).

古斯塔夫‧福樓拜

Gustave Flaubert

Sattin, Anthony, *A Winter on the Nile: Florence Nightingale, Gustave Flaubert and the Temptations of Egypt* (Hutchinson, 2010).

Steegmuller, Francis, *Flaubert in Egypt: A Sensibility on Tour: A Narrative Drawn from Gustave Flaubert's Travel Notes & Letters* (The Bodley Head, 1972).

Wall, Geoffrey, *Flaubert: A Life* (Faber, 2001).

約翰‧沃夫岡‧馮‧歌德

Johann Wolfgang von Goethe

Goethe, Johann Wolfgang von, *Italian Journey, 1786–1788* (Collins, 1962).

Hamilton, Paul, ed., *The Oxford Handbook of European Romanticism* (Oxford University Press, 2016).

Reed, T.J., *Goethe* (Oxford University Press, 1984).

Safranski, Rüdiger, *Goethe: Life As a Work of Art*, trans. David B. Dollenmayer (Liveright Publishing Corporation/W.W. Norton & Company, 2017).

Williams, John R., *The Life of Goethe: A Critical Biography* (Blackwell, 1998).

格雷安‧葛林

Graham Greene

Butcher, Tim, Chasing the *Devil: a Journey Through Sub-Saharan Africa in the Footsteps of Graham Greene* (Atlas & Co. Publishers, 2011).

Greene, Barbara, *Too Late to Turn Back: Barbara and Graham Greene in Liberia* (Settle Bendall, 1981).

Greene, Graham, *Journey Without Maps* (Heinemann, Bodley Head, 1978).

Sherry, Norman, *The Life of Graham Greene, vol. i,* 1904–1939 (Penguin, 1990).

赫曼・赫塞
Hermann Hesse

Decker, Gunnar, *Hesse: The Wanderer and His Shadow,* trans. Peter Lewis (Harvard University Press, 2018).

Freedman, Ralph, *Hermann Hesse: Pilgrim of Crisis: A Biography* (Jonathan Cape, 1979).

Hesse, Hermann, *Autobiographical Writings,* trans. and eds. Denver Lindley and Theodore Ziolkowski (Jonathan Cape, 1973).

Hesse, Hermann, *The Journey to the East* (Peter Owen, 1964).

Hesse, Hermann, *Siddhartha* (Peter Owen, 1954).

Varghese Reji, 'An Indian Tale', *The Hindu,* 1 July 2015, https://www.thehindu.com/features/metroplus/ on-hermann-hesses-birth-anniversary-an-indiantale/ article7374743.ece.

派翠西亞・海史密斯
Patricia Highsmith

Wilson, Andrew, *Beautiful Shadow: A Life of Patricia Highsmith* (Bloomsbury, 2003).

Wilson, Andrew, 'Italian Holidays: Talent Shows', *The Guardian,* 15 October 2005, https://www.theguardian.com/travel/2005/ oct/15/italy.onlocationfilminspiredtravel. guardiansaturdaytravelsection.

柔拉・涅爾・賀絲頓
Zora Neale Hurston

Boys, Valerie, *Wrapped in Rainbows: The Life of Zora Neale Hurston* (Virago, 2003).

Duck, Leigh Anne, 'Rebirth of a Nation: Hurston in Haiti', *The Journal of American Folklore,* vol. 117, no. 464 (Spring, 2004) pp.127–146, University of Illinois Press, https://www.jstor.org/ stable/4137818.

Hurston, Zora Neale, *Voodoo Gods: An Inquiry Into Native Myths and Magic in Jamaica and Haiti* (J.M. Dent & Sons, 1939).

Plant, Deborah G., *Zora Neale Hurston: A Biography of the Spirit* (Praeger, 2007).

傑克・凱魯亞克
Jack Kerouac

Charters, Ann, Kerouac: *A Biography* (Deutsch, 1974).

Johnson, Joyce, *Minor Characters* (Methuen, 2012).

Kerouac, Jack, *Selected Letters,* 1940–1956, ed. Ann Charters (Viking, 1995).

Maher, Paul, *Jack Kerouac's American Journey: The Real-life Odyssey of 'On the Road'* (Thunder's Mouth Press, 2007).

Maher, Paul, *Kerouac: The Definitive Biography* (Taylor Trade, 2004).

Miles, Barry, *Jack Kerouac, King of the Beats: A Portrait, London* (Virgin Books, 1998).

Nicosia, Gerald, *Memory Babe: A Critical Biography of Jack Kerouac* (Grove Press, 1983).

傑克・倫敦
Jack London

Kershaw, Alex, *Jack London: A Life* (Harper Collins, 1997).

Labor, Earle, Jack London: *An American Life* (Farrar, Straus & Giroux, 2013).

Sinclair, Andrew, Jack: *A Biography of Jack London* (Weidenfeld and Nicolson, 1978).

Stone, Irving, *Sailor on Horseback: The Biography of Jack London* (Houghton Mifflin, 1938).

菲德里科·賈西亞·羅卡
Federico García Lorca

Gibson, Ian, *Federico García Lorca: A Life*
(Faber, 1989).

Lorca, Federico García, *Poet in New York, trans.*
Ben Belitt (Thames and Hudson, 1955).

McLane, Maureen, N., 'On Lorca's Poet in New York',
FSG Work in Progress, https://fsgworkinprogress.
com/2013/04/18/on-lorcas-poet-in-new-york.

Stainton, Leslie, *Lorca: A Dream of Life*
(Bloomsbury, 1998).

凱瑟琳·曼斯菲爾德
Katherine Mansfield

Kimber, Gerri, *Katherine Mansfield: The Early Years*
(Edinburgh University Press, 2016).

Mansfield, Katherine, *In a German Pension*
(Constable, 1926).

Meyers, Jeffery, *Katherine Mansfield: A Biography*
(Hamish Hamilton, 1978).

Murry, John Middleton, *Katherine Mansfield
and Other Literary Portraits* (Peter Nevill, 1949).

Tomalin, Claire, *Katherine Mansfield: A Secret Life*
(Viking, 1987).

赫曼·梅爾維爾
Herman Melville

Allen, Gay Wilson, *Melville and His World* (Thames
and Hudson, 1971).

Delbanco, Andrew, *Melville: His World and Work*
(London: Picador, 2005).

Gilman, W.H., *Melville's Early Life and Redburn*
(Russell & Russell, 1972).

Hoare, Philip, *Leviathan, or the Whale* (Fourth Estate,
2008).

Lawrence, D.H., *Studies in Classic American Literature*
(Heinemann, 1964).

Meville, Herman, Redburn: *His First Voyage;
WhiteJacket, or, The World in a Man-of-War; Moby-
Dick, or, The Whale* (Tanselle, G. Thomas, Literary

Classics of the United States America, 1983).

亞歷山大·普希金
Alexandr Pushkin

Binyon, T.J., Pushkin: *A Biography* (HarperCollins,
2002).

Feinstein, Elaine, *Pushkin* (Weidenfeld and Nicolson,
1998).

Magarshack, David, *Pushkin: A Biography*
(Chapman & Hall, 1967).

Pushkin, Aleksandr Sergeevich, *A Journey to Arzrum,*
trans. Birgitta Ingemanson (Ardis, 1974).

Vitale, Serena, *Pushkin's Button* (Fourth Estate, 1999).

J·K·羅琳
J.K. Rowling

'J.K. Rowling: Harry Potter and Me', BBC Omnibus
documentary, 2001, directed by Nicky Pattison.

安東尼·聖修伯里
Antoine de Saint-Exupéry

Cate, Cutis, *Antoine de Saint-Exupéry: His Life and
Times* (Heinemann, 1970).

Saint-Exupéry, Antoine de, Wind, *Sand and Stars*
(Penguin Books, 2000).

Schiff, Stacy, *Saint-Exupéry: A Biography*
(Chatto & Windus, 1994).

山謬·塞爾馮
Sam Selvon

Bentley, Nick, 'Black London: The Politics of
Representation in Sam Selvon's *The Lonely
Londoners', Wasafiri,* 2003, 18:39, pp.41–45,
https://doi.org/10.1080/02690050308589846.

Dawson, Ashley, *Mongrel Nation: Diasporic Culture
and the Making of Postcolonial Britain* (Michigan
Publishing/University of Michigan, 2007).

James, Louis, 'Obituary: Sam Selvon',
The Independent, 19 April 1994.

Lamming, George, *The Pleasures of Exile*

(Allison & Busby, 1981).

Sandhu, Sukhdev, *London Calling: How Black and Asian*

　　Writers Imagined a City (HarperCollins, 2003).

Selvon, Samuel, *A Brighter Sun* (Longman, 1979).

Selvon, Samuel, *The Lonely Londoners*

　　(Penguin, 2006).

布拉姆・斯托克
Bram Stoker

Belford, Barbara, *Bram Stoker: A Biography of the Author of Dracula* (Weidenfeld and Nicolson,

　　1996).

Farson, Daniel, *The Man Who Wrote Dracula: A*

　　Biography of Bram Stoker (Michael Joseph, 1975).

Frayling, Christopher, *Vampyres: Genesis and*

　　Resurrection from Count Dracula to Vampirella

　　(Thames & Hudson, 2016).

Murray, Paul, *From the Shadow of Dracula: A Life*

　　of Bram Stoker (Cape, 2004).

Stoker, Bram, *The Annotated Dracula: Dracula,* ed.

　　Leonard Wolf (New English, 1976).

西爾維亞・湯森・華納
Sylvia Townsend Warner

Harman, Claire, *Sylvia Townsend Warner: A Biography*

　　(Chatto & Windus, 1989).

Warner, Sylvia Townsend, *Letters* (Chatto & Windus,

　　1982).

Warner, Sylvia Townsend, *The True Heart* (Chatto &

　　Windus, 1929).

Worpole, Ken, 'The Peculiar People', *The New*

　　English Landscape, 6 January 2014, https://

　　thenewenglishlandscape.wordpress.com/tag/

　　sylviatownsend-warner-the-true-heart/.

瑪麗・沃斯通克拉夫特
Mary Wollstonecraft

Jacobs, Diane, *Her Own Woman: The life of Mary*

　　Wollstonecraft (Abacus, 2001).

Sampson, Fiona, *In Search of Mary Shelley: the Girl*

　　Who Wrote Frankenstein (Profile Books, 2018).

Spufford, Francis, *I May Be Some Time: Ice and the*

　　English Imagination (Faber, 1996).

Tomalin, Claire, *The Life and Death of Mary*

　　Wollstonecraft (Weidenfeld and Nicolson, 1974).

Williams, John, *Mary Shelley: A Literary Life*

　　(Macmillan, 2000).

Wollstonecraft, Mary, *Letters Written in Sweden,*

　　Norway, and Denmark (Oxford World's Classics,

　　2009).

維吉尼亞・吳爾芙
Virginia Woolf

Bell, Quentin, *Virginia Woolf: A Biography* (Hogarth

　　Press, 1982).

Fowler, Rowena, 'Moments and Metamorphoses:

　　Virginia Woolf's Greece', *Comparative Literature*

　　vol. 51, no. 3 (Summer, 1999), pp.217–242,

　　Duke University Press, https://www.jstor.org/

　　stable/1771668.

Koulouris, Theodore, *Hellenism and Loss in the Work*

　　of Virginia Woolf (Routledge, Taylor & Francis

　　Group, 2018).

Lee, Hermione, *Virginia Woolf* (Chatto & Windus,

　　1996).

Pippett, Aileen, *The Moth and the Star: A Biography of*

　　Virginia Woolf (Little, Brown, 1955).

Woolf, Virginia, *Moments of Being: Unpublished*

　　Autobiographical, ed. Jeanne Schulkind (Chatto

　　and Windus for Sussex University Press, 1976).

索引

圖片出處

2 Peter Fogden/Unsplash; 9 Wjaceslav Polejaev/Dreamstime; 11 above Carlos Ibáñez/Unsplash; 11 below Niday Picture Library/Alamy Stock Photo; 12 Andrew Pinder; 14 Virgyl Sowah/Unsplash; 15 Ariadne Van Zandbergen/Alamy Stock Photo; 17 Andrew Pinder; 18 Bettmann/Getty Images; 19 Kaiyu Wu/Unsplash; 20–1 Yang Song/Unsplash; 22 Ivona17/Dreamstime; 25 Look and Learn/Illustrated Papers Collection/Bridgeman Images; 26–7 Trigger Image/Alamy Stock Photo; 28 Adrien/Unsplash; 29 Andrew Pinder; 32 Robert Doisneau/Gamma-Rapho/Getty Images; 33 Keystone-France/Gamma-Rapho/Getty Images; 34 CPA Media Pte Ltd/Alamy Stock Photo; 37 David Bertho/Alamy Stock Photo; 39 German Vizulis/Shutterstock; 40–1 Old Images/Alamy Stock Photo; 42–3 Xavier Coiffic/Unsplash; 44 Andrew Pinder; 45 BrazilPhotos/Alamy Stock Photo; 48 Leonardo Finotti; 49 Imagebroker/Alamy Stock Photo; 50 Rizby Mazumder/Unsplash; 51 Andrew Pinder; 54 Ivona17/Dreamstime; 55 Christian Wiediger/Unsplash; 58–9 iam_os/Unsplash; 60 Shawshots/Alamy Stock Photo; 61 Ivona17/Dreamstime; 64–5 robertharding/Alamy Stock Photo; 66 Daniel Burka/Unsplash; 68 Andrew Pinder; 70 Gavin Dronfield/Alamy Stock Photo; 71 above Illustrated London News Ltd/Mary Evans; 71 below Hulton Archive/Getty Images; 73 Granger Historical Picture Archive/Alamy Stock Photo; 74 EyeEm/Alamy Stock Photo; 75 DeAgostini/Biblioteca Ambrosiana/Getty Images; 76–7 Zute Lightfoot/Alamy Stock Photo; 78 Andrew Pinder; 80 Apic/Getty Images; 81 DeAgostini/G. Wright/Getty Images; 82 Ivona17/Dreamstime; 84–5 Marc/Unsplash; 86 Hulton Archive/Getty Images; 88–9 eugen_z/Alamy Stock Photo; 90 Andrew Pinder; 91 Michael Shannon/Unsplash; 94 Christie's Images/Bridgeman Images; 95 Photo12/Universal Images Group/Getty Images; 96–7 Gerti Gjuzi/Unsplash; 99 Ivona17/Dreamstime; 100–101 Omar Elsharawy/Unsplash; 103 Granger/Bridgeman Images; 104 Ivona17/Dreamstime; 106 DeAgostini/Getty Images; 107 Henrique Ferreira/Unsplash; 108 DeAgostini/Getty Images; 109 Anastasiia Rozumna/Unsplash; 110–11 Anjuna Ale/Unsplash; 112 Social Income/Unsplash; 113 Andrew Pinder; 116–17 Tommy Trenchard/Alamy Stock Photo; 117 sjbooks/Alamy Stock Photo; 118 Ivona17/Dreamstime; 119 Alex Azabache/Unsplash; 122 VTR/Alamy Stock Photo; 123 above Hulton Archive/Getty Images; 123 below Kenishirotie/Alamy Stock Photo; 125 Andrew Pinder; 127 Samuel C./Unsplash; 128–9 Letizia Agosta/Unsplash; 130 Yves Alarie/Unsplash; 131 Andrew Pinder; 132 Everett Collection/Bridgeman Images; 135 J.B. Helsby/Topical Press Agency/Getty Images; 136 Andrew Pinder; 137 Jean Colet/Unsplash; 138 above Private Collection/Bridgeman Images; 138 below Jason Finn/Alamy Stock Photo; 141 Robert Gomez/Unsplash; 143 Naci Yavuz/Shutterstock; 145 Kayti Coonjohn; 146 Stefano Bianchetti/Corbis/Getty Images; 147 Christophel Fine Art/Universal Images Group/Getty Images; 149 Andrew Pinder; 150 Bettmann/Getty Images; 151 Zach Miles/Unsplash; 152–3 Kumar Sriskandan/Alamy Stock Photo; 154 Sam Oaksey/Alamy Stock Photo; 156–7 NatureQualityPicture/Shutterstock; 158 ullstein bild/ullstein bild/Getty Images; 159 Look and Learn/Valerie Jackson Harris Collection/Bridgeman Images; 160 Phil Kiel/Unsplash; 161 German Vizulis/Shutterstock; 165 Peacock Graphics/Alamy Stock Photo; 166 T. Latysheva/Shutterstock; 168 Lena Serditova/Shutterstock; 170 Artepics/Alamy Stock Photo; 171 Fine Art Images/Heritage Images/Getty Images; 172 thongyhod/Shutterstock; 174 Shahid Khan/Alamy Stock Photo; 175 Sarah Ehlers/Unsplash; 177 Andrew Pinder; 178–9 Michele Burgess/Alamy Stock Photo; 180 Spaarnestad Photo/Bridgeman Images; 181 Keystone Press/Alamy Stock Photo; 182 Andrew Pinder; 183 Pierre Becam/Unsplash; 186 The National Archives/SSPL/Getty Images; 187 Daily Express/Pictorial Parade/Hulton Archive/Getty Images; 188 Jess McMahon/Unsplash; 189 Private Collection; 192 Paul Williams/Alamy Stock Photo; 193 steeve-x-foto/Alamy Stock Photo; 194 Andrew Pinder; 196–7 G. Scammell/Alamy Stock Photo; 198 Bridgeman Images; 199 Daniel Jones/Alamy Stock Photo; 201 Andrew Pinder; 202–3 mariusz.ks/Shutterstock; 204 above Universal History Archive/Universal Images Group/Getty Images; 204 below Universal History Archive/Universal Images Group/Getty Images; 206 Andrew Pinder; 207 Pat Whelen/Unsplash; 210–11 Niday Picture Library/Alamy Stock Photo; 211 Bridgeman Images

作者致謝

感謝薩拉・安瓦里（Zara Anvari）委託我撰寫這本書，感謝克萊爾・丘利（Clare Churly）辛勤編輯書稿及完成許多其他工作，感謝麥可・布魯恩斯特羅（Michael Brunstrom）對本書內容及定稿提供進一步的編輯意見。如果沒有漢娜・瑙頓（Hannah Naughton）繪製的地圖與封面，這本書就沒有資格稱為一本地圖集。感謝安德魯・品得（Andrew Pinder）的精采插圖。

還要感謝白獅出版（White Lion）以及奧倫出版（Aurum）的理查・格林（Richard Green）、潔西卡・艾克斯（Jessica Axe）、凱蒂・龐德（Katie Bond）等所有人，感謝他們為本書及之前的地圖所做的努力，尤其是負責宣傳工作的美樂蒂・歐度山雅（Melody Odusanya）。

感謝以下圖書館的工作人員與圖書管理員：位於聖潘克拉斯區的大英圖書館（The British Library）、位於聖詹姆士區的倫敦圖書館（The London Library）、哈克尼倫敦自治市圖書館的斯托克紐因頓分館（Hackney Libraries, Stoke Newington branch）。

此外，我還要感謝朋友們（無論古今，無論存歿），大西洋兩岸的親戚與家人，以及我聰明美麗的妻子艾蜜莉・比克（Emily Bick），還有我們的貓，希爾達（Hilda）與吉特（Kit）。

Mirror 040

波特萊爾沒有去成印度
跟著 37 位大師上路尋找靈感
The Writer's Journey
In the Footsteps of the Literary Greats

國家圖書館出版品預行編目 (CIP) 資料

波特萊爾沒有去成印度：跟著 37 位大師上路尋找靈感 / 崔維斯．艾伯洛 (Travis
Elborough) 著；杜蘊慈譯 . -- 初版 . -- 臺北市：天培文化有限公司出版：九歌出版社
有限公司發行 , 2023.11
　面；　公分 . -- (Mirror；40)
譯自：The Writer's journey : in the footsteps of the literary greats
ISBN 978-626-7276-33-4(平裝)

1.CST: 作家 2.CST: 世界傳記 3.CST: 旅遊文學
　781.054　　　　　　　　　　112016431

作　　　者——崔維斯・艾伯洛（Travis Elborough）
譯　　　者——杜蘊慈
責任編輯——莊琬華
發 行 人——蔡澤松
出　　　版——天培文化有限公司
　　　　　　　台北市 105 八德路 3 段 12 巷 57 弄 40 號
　　　　　　　電話／ 02-25776564・傳真／ 02-25789205
　　　　　　　郵政劃撥／ 19382439
九歌文學網　www.chiuko.com.tw
印　　　刷——晨捷印製股份有限公司
法律顧問——龍躍天律師・蕭雄淋律師・董安丹律師
發　　　行——九歌出版社有限公司
　　　　　　　台北市 105 八德路 3 段 12 巷 57 弄 40 號
　　　　　　　電話／ 02-25776564・傳真／ 02-25789205
初　　　版——2023 年 11 月
定　　　價——450 元
書　　　號——0305040
Ｉ Ｓ Ｂ Ｎ——978-626-7276-33-4
　　　　　　　9786267276341（PDF）